光太郎ルーツ　そして吉本隆明ほか

北川太一

文治堂書店

光太郎ルーツ
そして
吉本隆明ほか

もくじ

*

挿画・著者

著者の了解を得て旧仮名遣いを尊重しつつ新仮名遣いに改めた。幾つか句読点を改め、ルビをふった箇所もある。

光雲抄

──木彫孤塁──

光雲開眼

排仏毀釈という出来事の中に、寺領没収の経済的な意味づけや、民衆による土地改革などさまざまな要素を見るとしても、その長く徹底した幾たびかの波頭が人々の心をつき動かしたとき、仏教、そして仏師のうけた痛手は、ほとんど致命的なものだったろうと想像される。仏像の注文はもとより、ただでやると言っても貰い手さえない。「これでは汁粉《しるこ》屋か焼芋屋でも始めるより仕方がない」と、冗談半分に東雲がもらしたほどのさびれようだった。

もちろん新しい時代の萌芽も見えはじめてはいた。明治六年のウィーンに続いて、九年のフィラデルフィヤ万国博覧会にも、日本は強い情熱をもって全国各地の特産品や工芸品を出品する。それに刺激されて、十年開催を目安に最初の内国勧業博覧会が企てられ、外国との貿易も盛になる。しかし外国人が買おうとすれば、古いよい仏像や仏具が、幾らでも安くころがっているのだから、相変らず仏師に注文が来る筈もない。ただすこしでも目先のかわったものを作って、わずかな注文を待つほかない。

仏師という仕事が、この社会の目まぐるしい変遷の中で、果して生き残ってゆけるかどうか。米沢町（現中央区・東日本橋）の袋物屋沢田などから、貿易品の置物めいた細工仕事がだいぶ来るようにはなったけれど、古くからの手法にたよって、どうしても仏像の臭が身についている。前々から考えてはいたことだが、どうかして仏臭から抜けだした写実的な仕事がしたい。師匠に習ったものをこえて、自分なりの方法で、物を作るやり方を変えてみようと光雲は思う。

先ずはじめたのは、いままでの絵手本とまるで違って眼に映る、外国から来たさまざまな刷り物、挿絵、広告のたぐい、そういうものを見つけ次第、買ったり、借りたり、写したり。じっと見ていると、本物そっくりに引きつけられて、心はとめどなく動いてくる。

「犬が一匹描いてあっても、どう見ても本物である。特に毛並みのやり方が目に立って旨く出来ている。従来の彫刻の方でやる毛の彫り方は、まるで引っ掻いたように毛が生えているという心持丈けを肉の上に行って現すのであるが、西洋の絵は、毛は毛で皮膚の上にムックリとして被いかぶさり、長い処、短い処、渦を巻いている処、波状になった処、揆ねた処、ぴったりと引っ附いた処と、その毛並の趣が一々実物の趣が現わされている。」

（『光雲懐古談』）

彫刻の方でも、それをやらなければ、と思う。それには写生だ。実物を熟視し、鑿でする写生に、光雲はいちずに打込んでゆく。のちに光雲は、誇らかに自負をこめて語っている。「其頃では、斯《こ》う云《い》ってはおかしいが、私は新しい方の先登であったのであります。」

当時の作と推定される小さな「洋犬の首」が残されている。使いに行った途中で見た西洋犬に興味をひかれ、写生して来て作ったというこの犬の首は、後年の光太郎の木彫を思わせる荒い一刀彫の手法によって、光雲にとっては一つの素描、ただの習作にすぎなかったろうが、見事に首の造型を捉え、日本近代木彫の源流を思わせる。光太郎は死に至るまで、この首を身辺に置いて熱愛した。

西洋彫刻の教師としてイタリア人ラグーザを招き、工部美術学校の授業が開始されたのは、明治九年十一月のことだった。仏師の下職にすぎない光雲とはまるで世界のちがうこの学校で、青い眼の教師が教えるという海彼《かいひ》の彫刻。幾日たっても固まらない油土や、思うように型取り出来る石膏というものの話などは、いやが上にもその空想をかりたてた。実物写生と西洋彫刻と、若い仏師は、彫刻師、彫刻家として、徐徐にその生涯を方向づける。

そんな光雲に、もう一つ自信を与えたのは、東雲の代りに作った白衣観音の、内国勧業博覧会での受賞だった。

内国勧業博覧会

明治六年（一八七三）、国民の輿望篤かった西郷隆盛の征韓論を退け、内務卿として政権の中枢を握った大久保利通ら内治派がその施策の中心としたのは、警察の整備と、殖産興業の二つの大きな柱だった。

海外に農畜産物の良き種子を求め、種畜場を開き、技術を移入し、資本主義国家として欧米に追い迫ろうという意気込みで、布石は次々と打たれていた。その意志を最も端的に表明したのは、万国博覧会への参加と、それに引続いて企てられた内国勧業博覧会の開催である。

アメリカ独立百年祭を機に、フィラデルフィヤで万国博覧会が開かれたのは明治九年のことだが、博覧会事務局総裁には大久保利通自らがあたり、派遣団の団長に参議西郷従道をあてたことからも、その意気込みは察せられる。日本に最初の大きな博覧会を開こうという構想は、この頃大久保の胸裏に具体化していたに違いない。

九月七日、政府は、来春を期して内国勧業博覧会を上野で開催することを全国に公布した。ここでも総裁は大久保利通、副総裁は大蔵大輔兼内務省勧業頭松方正義。準備は国家的規模で強力に推し進められた。

明治十年二月、西南戦争勃発。征討軍は熊本、鹿児島に転戦し、博覧会中止のことも議に上ったけれど、大久保は「国家富強の基礎は、国民の知識を啓発し、殖産興業を奨励し、もって民力を培養するにあり、戦乱のために決して中止すべからず」としてその論を退ける。春の予定は遅延したが、まだ戦塵の収まらぬ八月二十一日から十一月三十日まで、最初の博覧会は、上野公園に開催された。

会場には、東本館、西本館、美術館、機械館、農業館、動物館、園芸館を備え、出品数四万、出品人二万と称する。ことに煉瓦造の美術館は会場の中央に屹立し、

「その高さ四十二尺五寸桁行九十尺梁間三十六尺その平積七十五坪あり、此館の前面に方六十尺の池を穿ちて其水は不忍池より埋樋を設けてこゝに引きあるなり、そもそも博覧会の土木はたゞ一時の仮設なればなるべく浪費をはぶき虚飾を求めずといえどもひとり此館のみは博覧会の記念に永く後世に貽《のこ》さんが為めにとて建るものなればば、その結構すべて堅牢にして他の諸館にたちまされり、こは工部省営繕局の建築す

るところなり」（「会場案内」）

と記録される。開場式には天皇皇后が臨御、美術館前の玉座について、次のような勅宣を下した。

「爰ニ内国勧業博覧会開催ノ日ニ方リ　朕自ラ臨ミ開場ノ典ヲ行フ　朕惟フニ　会場ノ整備セル列品ノ良好ナルヤ　以テ智識ノ日ニ開明ニ赴キ　工芸ノ月ニ精巧ニ進ムヲ徴スベシ　而シテ有司勧奨ノ効モ亦小ナリトセズ　朕深ク之ヲ悦ブ　朕更ニ望ム　人民ノ益々奮励シ　産業ノ益々繁栄シ　我全国ヲシテ永ク殷富ノ幸福ヲ享ケシメンコトヲ」

会場には、伏見、山階両宮、三条、岩倉両大臣、大久保、伊藤ら諸参議、各省の文武長次官、勅奏任官、判任官、外国使臣らが皆大礼服で参列。形成期日本の国力をあげての一大セレモニーの名に恥じず、式後入場しようとするもの戦場のような有様を呈し、花火はしきりに打上げられ、夜遅くまで不忍池畔は人波でにぎわった。入場者の総数は四十五万四千六百六十八人に及んだという。

竜紋賞受賞

このはじめての大博覧会に沢山の人々は押しかけたけれど、博覧会についての予備知識を持つものは、ほとんどいなかったと言っていい。光雲はもとより、出品を要請された東雲でさえその一人だった。光雲は当時を回想して語っている。

「今の如く新聞も多からず購読するものも少きより愈々《いよいよ》博覧会の開かるるまで博覧会とは如何なるものなりや又何処に催さるるものなるやを知らざるもの多かりしほどでまたその出品物はに如何にと云ふに、概ね宝物的のものにて美術の方の新しき作物には絵画は兎《と》に角《かく》彫刻にありては小数の仏像の他は根付のみなりし。……画家は兎に角、彫刻は所謂仏師とか彫物師とか称する職人に依て作られたるものにて、其の作品も範囲極めて狭く、先づ第一は仏像にて、其他のものにありては今の如く置物などは全く見る事能はざるくらいなれば元より大作などを作るべくもあらず。

されば政府より博覧会の出品勧誘の為め各地に官吏を派遣されし時の如き、いろいろの滑稽談を起せしが、総ての出品に対して今の如く協賛会の寄付金とか売上高の幾分とか除去すると云う如きこと更に無く却って政府より百円の出品に対しては三十円の補助金を与え、また入場料の割戻しを閉会後百円に対して十幾円づゝ送り越したるものなり。

当時の審査と称するものは極めて寛大なるものにて元より今の如く鑑別などはなく、苟《いやしく》も絹とか紙とかに筆をのたくらせたるものは絵画として美術品の取扱いを受け、又少くとも刀を以て彫刻したるものは皆彫刻物として美術品中に陳列さるゝ位なれば賞与も惣花主義にて少くとも世に名あるもの〻作は仮令其作の巧拙は別として多く名誉賞、一等賞等を授与したるものにて、審査は松尾義助氏、岸光景氏、塩田真氏等なりしが、彼の故菊池容斎氏が前賢故実にて名誉賞を受けしも其の時なり。予も其時は僅に二十六歳にして自作の観音像を師高村東雲氏の名義にて出品し一等賞竜紋賞を得たり。」

(明治四十年六月二十日「美術新報」)

いくらかの思いちがいを含みながら、最初の博覧会第三区美術の部の状況を伝える。例えば、この区第一類彫像術の審査は、部長町田久成、審査官は塩田真、石田為武、朝日升、近藤真琴、川上寛、丹羽敦、竹本安斎、納富介二郎、篠原宗四郎の九人で、賞与も惣花主義と語っているけれど、東京からの二百ほどの出品のうち、一等竜紋賞をうけた彫像は、東雲の他には旭玉山の「牙彫人骸」だけだった。

「審査官の公判により出品超群《あっぱれ》のものに与えられる」という一等賞牌は、直径二寸三分厚さ一分五厘、大阪造幣局の鋳造にかかる銅メダルで、表面は中央に菊花紋、その上に賞、下に一等の文字を刻み、左右を二つの竜がからんでいたので竜紋賞の名があった。裏面には明治十年内国勧業博覧会、東京の文字が円く囲み、桐などをあしらった紋様の中に四角い空白があって、ここに受賞者の住所姓名が刻み込まれる。

今まで作っていたものと同じ物でいいという勧誘の言葉に、腕のかぎり光雲が彫った白衣観音は、十分に手間をかけた念入りの作だった。博覧会事務局から発行された出品解説は、審査官が「仏相端正刀痕美良工手ノ精巧ナルヲ嘉スベシ」と評し、東京府出品の竜紋賞第一に記したこの作品について、おそらく東雲が提出した書面によって刻明に記録する。

「観音像　浅草北元町　高村東雲

製法　白檀ヲ高サ九寸余幅七寸余ニ截リ鑿ニテ略体ヲ製シ小刀ヲ把テ刻起シ頭ヨリ肩ニ及ホシ肩ヨリ両手ニ及ホシ終ニ胸背腰脚ノ諸部ニ及ホス又同材ヲ以テ岩様ノ座ヲ製シ厚朴ヲ以テ高サ弐尺七寸方弐尺壱寸五分ノ龕ヲ六稜ニ製シ楕円ナル屋ヲ附シ外面ニ朱漆ヲ塗リ内面ニ箔漆ヲ塗リ且金箔ヲ貼ス而シテ両扉ニ真鍮ノ蝶扣《テフヅカイ》ヲ施シテ開閉ニ便ニシ更ニ扉口互接《アヒメ》ノ中端ニ打掛ト称スル鉸鍊ヲ附シ扉ヲ鎖シタル時之ヲ鈎住スルノ用ニ供ス　素材　白檀　二十年前本所五目五百羅漢寺ヨリ購求セシモノナルヲ以テ其産

地ヲ詳ニセス」

新聞には出る、表通りを読売りが「当所蔵前にて高村東雲作白衣観音が勧業博覧会にて竜紋賞を得たり」と大声で呼んで通る。たとえ師匠の名前になっていても、知っているものは光雲の仕事だと知っている。光雲の名と光雲の伎倆とは、更に身辺の心ある人々の脳裏に刻みつけられたにちがいない。

明治絶対制国家が形成される一過程で、まだ隠微な形ではあるけれど、光雲が得たその自信は、以後の生涯を象徴する意味深い出来事だったように思われる。

東雲晩年

光雲にとっては晴れがましいこの出来事には、もう一つの喜びが重なる。のち光太郎に強い感化を与えることになった長女さくの誕生である。

わかの養母きせが宮内省御学問所にかかわりのあった河合政徳の後添えとして再婚し、堀田原の家には悦一人残ることから、光雲が一家をあげてそこに移り住んだのは、明治九年から十年の頃と推定されるので、さくの生まれた九月五日には、一族はすでに、この家で落着きを得ていたであろう。ようやく一人立ちの歩みをはじめた光雲にとって、新しい環境と博覧会での受賞と、その開幕中に得たみどり子とは、前途にひろがる茫漠たる道への、激しい闘志をかりたてたにちがいない。
大久保利通の暗殺、自由民権思想の昂揚など、明治政府がたどらなければならない数々の試練とないまぜられながら、光雲はこのことを一つの足がかりとし、歴史の激しい流れに棹さすように、困難な状況の中に身を進める。
内国勧業博覧会のあと、明治十年の終りから十一年のはじめにかけて二ヶ月半ほどの間、光雲は病む。診察した漢方の古川医師の見立てでは、軽い傷寒、おそらく腸チフスのようなものであったろう。その小さな休止をおいて、仕事は再開される。さきの回想に続けて、光雲は語っている。

「第一回博覧会後西洋人にて根付など買い求むるもの漸く多くなりしより輸出向として急速の進歩をなし、明治十年の博覧会には極めて小数の出品なりし根付彫刻も次回の十四年に開かれたる第二回内国勧業博覧会には牙彫の進歩著しく美術館中殆ど真白になりし位なりき」

牙彫の進歩は、そのまま木彫の衰退を象徴する。もちろん、そんななかで、変った西洋人の注文が時にはある。

明治十一年の春のある日、光雲は師匠に夜食に誘われる。その夜、観音様の仲店の「煳銅壷」という料理屋で東雲から聞いたのは、実は築地のアーレンス商会から注文があった。商会の仕事をしている松本楓湖の下絵だが、唐子（中国風の装いをした子供）がささげるランプの台で、高さは五尺、数は一対、それを万事、光雲にまかせるという。

アーレンス商会はドイツ人の貿易商社で、安い賃金で日本の工芸品を買付けては、それを広くヨーロッパ市場に送っていた。

すべての仕事が少なくなっているこの時代に、五尺の木地の算盤をはじくと、一対で二百四十円になる。江戸随一の大仏師東雲の店でも、これは初めての大仕事だ。ベンケイという二十四歳の番頭のキビキビしたかけ引きに感心したり、下描き通りの肥った唐子の雛型は注文主の気に入らず、自分勝手な人体に唐子の服をつけさせて、ようやく出来上ったのは十一月にもなったろうか。初めての大作は勉強にもなり、外国の商社に東雲の店を注目させる、一つのきっかけともなっていった。

それかあらぬかまた一つ、ドイツ公使館を通して注文があった。同じくランプの台になるのだが、今度は日本の男の子と女の子が並んでいるところが頼みたい。差当りまず一尺位の雛型がほしい。これも当然のように光雲にまわってくる。他人の下図などという面倒なことのないこの仕事に、光雲は打込んで工夫をこらす。

女の子は桃割れの十か十一、三枚重ねの着物を着て、矢立てむすびの帯に鹿の子の帯上げ。男の子は五つ紋の羽織に着流しのチョンまげ。

「此は彩色無しではあるが、木地の儘《まま》でも、その物質その儘を感じ、また色彩をも感ずるように非常に苦心して彫ったのであった。仮令《たとえ》ば、帯は緞子の帯ならば、その滑らかな地質が其物の如く現われ、また緋鹿ノ子の帯上げならば、鹿ノ子に絞り染めた技巧がよく会得されるように精巧に試みました。また、衣物の縮緬、袖模様などにも苦心し、男の子の着流しの衣紋なども随分工夫を凝してやったのでありました。私が精巧緻密な製作を先づ充分試みたと思ったのは、其当時では此の作が初めてであったと覚えます。」

（『光雲懐古談』）

このあたりの光雲の指向や写生の意味、そして研鑽された驚くべき技巧のことが、ここにはいきいきと語られている。

とはいえ仕事は師匠の代作、およそ監督するだけで実際には手を下さない師匠にかわって、光雲が彫っていることは身のまわりの者はもちろん客たちも知っていて、光雲の伎倆を自然に認め重んじるようになっていても、代作は代作、蔭の仕事にはちがいない。

「師匠は私の名が表面に出て人の注目を惹くやうなことは好まれませんでした。」

「私としては何処までも師匠の蔭に居るものであって、よし多少手柄があったとしても、そういうことは虚心で居るように心掛て居りました——世間の噂に私のことなどが出ても、私の耳には入れませんでした。」

という、ひそかに屈曲する感情を心の内に秘めながら、明治十二年がやってくる。おそらく明治十一年、東雲の家が蔵前に移り、火の危険もなくなったことから、堀田原のひかえ家を売ったので、光雲の家は寿町に移る。月日を詳《つまびら》かにしないが、二女うめもここで生まれた。

光雲独立

明治十二年にはじまる光雲のメモ帳がある。縦十四センチ、横十一センチ、薄茶の背と緑クロスの表紙を持つこの手帳の裏見返しには木彫師高村光雲の署名があり、見返しとも現存四十五葉、うち墨つき三十一葉。明治十二年一月から十四年十月までの収入の記録の他に、器物のスケッチや文字練習のあとを留める。いずれも墨書、必ずしも上手とはいえない奔放な筆蹟は、時に交錯し、判読に苦しむ。仏師の名を取らず木彫師と記したところにも当年の光雲の志向はうかがえるが、ともあれ記録は、この数年の光雲の仕事を、重いリアリティをもって暗示する。幾らかの整理を加えながら、まず主な部分を引きうつそう。

明治十二年

一月吉辰

四日　一金壱円五拾銭　花立壱つ　木彫手間　五間町

和泉様

卅一日　一金八円ト拾銭　廿拾四人半分手間請取

二月

廿一日　一金壱円五拾銭　六寸持女壱つ　木彫手間　横浜

小川様

弐十八日　一金六十銭　唐子六楽人　あら彫手間

二十八日　一金九円ト拾銭　廿七人半分手間

三月吉辰
五日　一金弐円壱分　鳥かへ人物壱つ　小作
　　　高橋様ヨリ
十八日　一金三円三分内一分二銭引　唐子三ッあら彫ケツリ
　　　横浜小川様
　　　寅十二月金壱円請取　卯三月　金弐円
　　　一金六円壱分　九寸王婦人壱ッ　持女三人　彫ケツリ
　　　四月廿八日　一分まし　大和町山本様
卅一日　一金八円半　二十五人半分手間請取
四月
廿一日　一金三拾銭　七賢人ろふ作壱人新キ
　　　高橋定次郎様
三十日　一金八円弐拾銭　弐拾五人分手間請収
五月
三日　一四円五拾銭　此内三分は和泉様引金三分
　　　高定割　一尺弐寸漢羽一ッあら作

横浜小川様
十四日　一金弐円壱分内三分引　七寸老人壱ツ　ケツリ
卅一日　一金九円ト拾銭　廿七人半手間
六月
五日　一金五拾銭　三寸和日白衣壱体木地
一金三円一分引　九寸□□□漢羽一ッケツリ
〃七日　一金四拾銭　地紋四楽人　山中様
〃十三日　一金五拾銭　かへる壱ッ　高橋定次郎様
三十日　一金八円二分二銭　廿六人分手間請取
七月
三十一日　一金九円半　廿八人半手間分
一金弐円　手間外請取
一金壱分　仏檀
八月吉辰
十五日　一金壱円拾五銭　子供壱ッ、地紋壱つ
高橋定次郎様

一弐拾銭　地紋壱つ　〃
廿三日　一金壱円壱分　桜子供彫物　中区松吉様
三十一日　一金八円三分五銭　廿六人手間代
九月
一金弐円弐分　八日内壱円入　十日内二分入
十九日　彫物もろ〳〵　三枝松政吉
一金壱分　地文彫二つ　高橋定次郎様
一金七円壱分ト五銭　廿二人手間
十月吉辰
六日　一金壱円壱分　七賢人ろう作　小川
三十一日　一金八円弐拾銭　廿五人分手間
卯十一月吉辰
十七日　一金三円　此内五拾銭高定さん行
□□てんしや一ツ　壱組山下小林さん
二一日　一三拾銭　彫物外　政吉請取
廿五日　一金弐円　なをし物いろ〳〵ニて　小川様

卅日　　一金七円弐分ト拾銭　廿三人手間請取
〃　　　一金拾五銭　岩彫
十二月吉辰
八日　　一金壱円廿五銭〔ダルマ略図〕代
　　　　山本様　高定様
廿一日　一金三円　仙八彫物壱ッ　田中様
廿九日　一金九円拾銭　廿七人半分手間請取

明治十三年

一月
廿日　　一金五円拾銭　十五人半手間代
〃　　　一金三分　地紋六楽人
廿一日　一金六拾銭　ねつミ弐匹
〃　　　一金弐拾五銭　手間外
　　　　一金拾壱円弐拾銭　十三人分手間請取
　　　　一月廿三日より二月四日まで　三精社様
辰二月吉日

十一日　一金壱円六拾銭　藤吉郎木地彫　泉様
廿九日　一金七円ト弐拾銭　八人手間　夜ナベ在　三精社
十五日　一金五円　蔵前手間十五人分
三月
十四日　一金拾壱円弐分ト弐拾銭　十三人手間　三精社様
一金壱円　蔵前手間三人
廿一日　一金壱円　かんをん様手間代　永田様
一金九円　三月廿二日より三十一日迄手間
三精社様
四月
一金拾円と九拾銭　拾二人手間　三精社様
州日　一金拾弐円ト七拾銭　拾四人手間　三精社様
五月吉辰
十四日　一金九円　十人手間代請取　三精社様
三十一日　一金拾四円四十五銭　十六人手間代請取
三精社様

六月
十四日　一金拾円八拾銭　三精社様
三十日　一金拾弐円六十銭　十四人手間請取申候
　　　　三精社様

明治十三年の前半までを書きとったが、以後十三年の惣〆高「一金二百七十八円也」を経て、三精社の支払がその大部分を占めるこの収入記録は、十四年十月三十一日まで続く。事実に即して点検しよう。洩れなく書きつけられているとは限らないけれど、月毎の収入は次の通りになる。

明治十二年
一月　九円六十銭
二月　十一円二十銭
三月　二十円七十銭
四月　八円五十銭
五月　十五円八十八銭

六月　十円二十二銭
七月　十一円七十五銭
八月　十一円四十銭
九月　十円五銭
十月　九円四十五銭
十一月　十三円五銭
十二月　十五円三十五銭
明治十三年
一月　十七円九十銭
二月　十三円八十銭
三月　二十二円七十銭
四月　二十三円六十銭
五月　二十三円四十五銭
六月　二十三円四十銭

東雲の死は明治十二年九月だが、そのあたりを境にして変化は徐々にあらわれる。月

二十五、六日を平均に、東雲生前の手間は一日二百匁《もんめ》。六百匁が一両、即ち一円だから、三日で一円の計算である。年季あけの日当一分（二十五銭）に比べれば幾らか多いけれど、この前後の異常な物価高騰を勘定にいれれば、生活はむしろ苦しい。東雲の店の日当の他に、ことに高橋定次郎を通しての仕事が目につくのはその補い、家に帰ってからの夜なべ仕事や、休みをあてての働きである。稀には二十円に及ぶ月があっても、平均は十円を前後する。老父母をかかえ、この年には次女うめが誕生する六人家族に、これはぎりぎりの生活といっていい。

十月、十一月と東雲没後の数ケ月は、ほとんど同じように進行するが、四十九日も過ぎ、十二月に入ると収入は目に見えて増えはじめる。兄弟子三枝松政吉とのかかわりから光雲が独立を決意するあたりである。

ここで田中やの名が、廿一日の「金三円」と、続いて廿二日の「金弐円加利」にはじめてあらわれる。加利は借りであろう。田中屋高次郎は初め牛込東古河町にあった金物商で、高次郎はその次男。産を傾けた兄にかわって家を継ぎ、いちはやく横浜物に目をつけて身代を興した。廃刀令で職を失った刀剣類の腰元彫の名匠たちを集め、鋳物工場を作ってアメリカ好みの製品に手を染める。実に潤達で目先が利き、

「此田中屋高次郎と云う人は世に稀な人であると思います。横浜物に先鞭を付けたばかりでなく、西洋向きと云うことを考え、そうして昔ない花瓶を拵えたという率先者の一人であります。花瓶と云うものは……其当時以前のものは大抵支那風でありまして、山水、又は月に雁、水に鯉、又は牡丹に蝶があるとか云うのは、これは横浜以来今日のことで、昔はそう云うものは売れないので、なかったのでありますが、それを始めた人は、詮索すると田中屋高次郎さんが抑《そもそも》の初まりであると云わねばなりません」

とのちに光雲がたたえたほどの人物であつた。

明治初年に活躍した鋳金家大島笑華軒はその長男。後美術学校で光雲の同僚となった如雲大島勝三郎は笑華軒の弟である。光雲は高次郎と置物の仕事などで以前から知ってはいたけれど、密接なかかわりはこの月からはじまる。当時、高次郎は息子勝三郎をつれて、津久土前十四番地に移り、その工場で盛に仕事をしていたのである。もともと高次郎は自らも鋳物の蝋作りの上手で、勝三郎は父からその技術を伝習していた。

十三年に入ると、光雲の身辺の変化は歴然として現れる。政吉にすべてをまかせて、徐々に身を引こうと考えていた光雲の、蔵前からの日当は激減し、三精社の支払いがそれに代る。しかも三精社の日当は九十銭、そして三月以降、その日当は仕事の全体を占め、月の収入は前年に倍する。

三精社（光雲は「懐古談」で三成社と書いているが、）は京橋区竹川町にあった鋳物会社で、実は大島氏の金主。当面の仕事は、明治十四年に開催される筈の第二回内国勧業博覧会のために、高次郎に依嘱した竜王像の制作。三精社は宮内省の御用品や展覧会出品を目あてに名工たちを集めて設立された会社であった。

註、如雲大島勝三郎の名は諸本、勝次郎とする。この稿では『懐古談』及び「第二回内国勧業博覧会審査評語下」等によって勝三郎を採った。

錬金稼業

明治十二年の暮れに、田中屋高次郎が突然光雲を訪れる。しばらく打ち絶えてはいたけれど、光雲の技倆と、東雲が死にいま光雲が置かれている立場とを、察知していたにちがいない。展覧会制作のことを語り、息子の勝三郎が主として仕事をしているのだが、どうしてもそれが間に合わない。光雲に手伝ってもらえまいか、という。

鋳物の原型は蝋で作る。光雲は蝋型の経験がない。そのことを理由に断る光雲を説き伏せたのは高次郎の人がらであろう。前途に思い惑っていた光雲は、この新しい経験に進んで身を投ずる。

初めて会った勝三郎は、はたち過ぎのいなせな若者で、蝋作りの見事な手際を持っている。もちろん光雲とても、久しい彫刻の素地があるから、指で蝋をひねって物の形を作る、この仕事が面白い。いつか工部学校でやっていたと聞く油粘土もこんなものかと思いながら、二三日うちには思いのほかに手もきまってくる。光雲が受持ったのは、竜王像の供と前立ちであった。

またたくまに二年の月日が、この大島氏の鋳物工場で過ぎてゆく。

メモにあらわれる日当については、自ら語っている。

「それが面白いのは、大島の老人が余計に給料を払おうというのを、私がそれを辞退して長い間押問答したことを覚えている。仕事に来た其の月晦日の夜の事、大島老人は最初私に向かって、

「さて、あなたも、いよいよ家に来て下さることになったから給料を決めよう。一体幾《いく》ら上げてよいか。お望みのところを云って下さい。」

という。私は是迄師匠の宅へ通っている間、日給、二十匁宛を貰っていたから、是迄通り二十匁でよろしいのだが、先ず壱分弐朱も頂ければ結構というと、

「今時の時節にそんな馬鹿なことがあるものか、壱分や弐分では何うなることも出来

やしない。私は壱両弐分差上る。また急なものだから時々夜業をお頼みするから、それは半人手間ということにして頂こう。」

と大島老人は云う。

私にとって壱両弐分などという給料は従来の二十匁に比してドンナに結構か知れません。しかしそんなに貰っては多過ぎますので、私は散々辞退をし押し問答の末、私から壱両に決めて貰い、其代り夜業は自分の随意ということにしました。」

収入メモは日当が九十銭で計算され、この回想と幾らか喰いちがっているけれど、事態はおよそ、そのようなことであったろう。仏師の下請け仕事で過ごしてきた光雲にとって、師匠の家を離れ、一挙に三倍近い日当を得ることには、ある戸惑いを禁じえなかったに違いない。

政府の財政上の破綻に原因して、明治十三年頃をピークに、この頃の物価上昇は目にあまるものがあった。明治十年に一石五円十五銭だった米は、十三年には十四円二十銭にも達し、十四年でも十円四十八銭を示した。物乞いや街に立つ女が増え、貧民は集まって米騒動さえ予測されるそんな時期に、生まれたばかりの次女をかかえる、このつつましい、しかし気力のある彫物師一家は、思いがけず与えられた新しい仕事に、豊かとはいえないまでも、落着いた、安定した日々が恵まれる。

第二回内国勧業博覧会が第一回と同じ上野公園で開催されたのは、明治十四年三月一日から六月三十日までであった。勝三郎の作品「俵藤太竜神図蝋型彫刻（置物　唐金）」はここでも褒状をうける。

「褒状　鋳物　置物　牛込区筑土前町　東京府三精社　出品工人　大島勝三郎
竜神玉ヲ秀郷ニ捧ルノ像鋳造美好ニシテ細密ナリ熟練ノ技倆頗ル嘉ス可シ」
（『審査評語下』）

しかし批評は必ずしも好評のみではない。

「本館出品竜神玉ヲ秀郷ニ捧クル鋳像ハ三精社出品　大島勝三郎鋳造スル処ニシテ鋳工ハ練熟ナリト雖モ図案一手ニ出サザルカ故ニ人物ニ照応ノ精神ナク裳袴ノ襞襀折密ニ過キ且ツ戒衣ヲ精彫スト雖モ却テ小サ子ヲ刻セス弓矢ヲ把ルニ手ノ左右ヲ誤ル如キ皆原図ノ疎案に出テ鋳工ノ拙ナルニ非ス鋳工ノ技倆斯クノ如ニシテ精図良案ヲ以テ製造セハ販路モ速ニシテ殊ニ妙技ノ賞ヲ得ル易々タルヘシ是ヲ以テ観レバ製本《テホン》ノ図肖《シタエ》

ハ工業上ニ於テ尤モ緊要ナルヲ知ルヘシ必ズ疎漏ニ過クヘカラズ纔ニ一歩ヲ誤ツ時ハ数百ノ資金ヲ徒費シ数日ノ工力ヲ徒労シ精巧ノ名誉ヲ工業上ニ失シ遺憾ニ勝ヘサルモノアリ諸工家熟思省慎スヘシ」

（明治十四年第二回内国勧業博覧会第三区報告書」　福田敬業　説述）

これはまさに頂門の一針。第一回展の好評で気をよくしていた光雲の今度の仕事について、痛烈にその弱点をついて衝撃を与える。金になることは確かだとしても、これでいいのか。仏師の仕事は、師匠の名でしていても、すべて自分の意志で作れる。しかし鋳物の仕事はちがう。たしかにこの批評のような中途半端がある。これは、自分にも不満足を残し、頼み主にも不誠実ではなかろうか。

メモは十月三十一日まで連続して書き記されているから、展覧会出品のための仕事が終ってもそのまま大島工場での三精社の仕事は続けられ、そしてそれは、当分は終ることのない見通しを光雲に与えたにちがいない。しかし、大きな会社のうしろだてのもとに保証されたかのように見えるこの仕事が、従って収入で、本当にこのまま続けられてよいものか。

長い年月身を投じ、打込んで修業してきた木の仕事はどうなるのか。ゆれ動く光雲の心に、木彫師の心は眠ることなく生きつづけていたように思われる。メモが余白を残して途切れているのは、光雲の回心を決定的にした一つの挿話がかくされているからである。

給料は十四日と晦日と二度支払われる（一日、十五日は休みが慣例）。或る時、と光雲が語るのは、この年十一月であろうか。十四日勘定の給料を受取り、家に帰ると翌日は休み。ふと道具箱の小刀の引出しをあけてみて愕然《がくぜん》とする。木を彫らなかった二年の間に、小刀はすっかり赤錆び、見るかげもない。己の手とも指とも感じ、道具を何よりも大切に、と躾けられてきた、その小刀の痛みを、己の心の痛みとして受け止める。そして咄嗟に心に決める。木彫に戻ろう。

鋳物の仕事はたしかに安定した相当の収入を保証し、師匠の下請けをしていただけではわからなかった一つの世界に、目を開けてくれた。大島父子のような、かしこい、技倆も優れた人々にもめぐり合った。蝋型の仕事も面白く、鋳物一通りのことも経験した。そこでどんなに沢山のものを身につけたか。それはいくら感謝しても足りない。しかし、自分の本当の仕事は、この小刀を使うところにある。師匠ゆずりの木彫を、このまま投げ出してはならない。思いつくと、江戸っ子の職人の血に養われた光雲のことだ。すぐに大島の家にとんでいって暇をもらい、錆びた小刀を研ぎはじめた。

木彫孤塁

全く外からの庇護を離れ、光雲ははじめて一人の光雲となり、自ら選んで、困難な道に身をゆだねる。窮乏は当然のことのようにこの一家に至る。もちろん窮乏に悩むのは、ひとり光雲のみではない。時流に投じた牙彫家や一部の画家を除けば、例えば病める狩野芳崖は陋巷《ろうこう》に僅かに焼物の絵付けによって日を過ごし、橋本雅邦は地図の下絵を描き、海野勝珉は寄席の高座に常磐津をうたって口を糊する。かつて士家の禄を受けたものよりも、職人としての光雲はかえって思い切りがいい。木で彫るものなら何でもやろう。

この間にも転居は繰返され、光雲の一家は浅草寿町から小島町へ、そして三精社にかかわりを持った明治十三、四年には下谷西町に移っていた。

木彫師として世に立とうと心に決めて、仕事をはじめた西町三番地の家は、旧立花屋敷の跡にあって、九尺二間の長屋と往来の間に大どぶ、それにかかった橋を渡って入ると竹の格子。九尺二間の一間は土間、もう一間は狭い質素な仕事場。仕事場は往来に面していて外からも見える。長屋の裏には紺屋があって、いつでも広場に染物が干してあった。そんな静かな一角で、毎日こつこつ光雲は木を彫り始めた。

もとより光雲にしても、全く無計画にこの仕事を始めたわけではなかったろう。しかし光雲が立ち向おうとすると木彫の世界は、この三、四年に驚くほどの変貌を見せた。もともと御家人が内職にはじめた小さな根付彫刻が、さまざまな展覧会や横浜貿易を通じて、外国人の異国趣味にかなない、関心をよんだことに端を発して、牙彫が彫物の世界を風靡したことは、先に光雲が、第二回内国勧業博覧会の美術の会場を「雪がふったように真白に見えるほど、牙彫で会場が充され、牙彫にあらざれば彫刻にあらずという勢であった」と評したほどであった。

第一回内国勧業博覧会の牙彫で竜紋賞をうけた旭玉山は、第二回博では髑髏《どくろ》の牙彫で名誉賞をうけ、光雲が九十銭の日当を喜んでいたその当時に、十人の弟子を養い、日に三円五十銭の手間賃をえていたのである。

貿易を主とした象牙商も五十にあまり、手広く商売を営んでいたし、かつて木彫を業とし、優れた技を持っていた人々も時流に乗じ、貿易商のすすめに従って、ほとんどが牙彫に転ずる。石川光明、島村俊明、竹内久一、川本舟楽、大谷光利、田山嶺玉などは、大いに活躍した人々であった。

牙彫へのさそいは光雲にも来た。東雲の店の古い顧客で、米沢町の袋物屋沢田銀三郎は、貿易商を始め、大きく商売を拡げていたが、木彫家島村俊明を牙彫さそった人物でもある。その沢田が、光雲をもさそう。しかし光雲は、象牙にのしをつけてあげるという行届いたすすめを、かたくなに拒む。

牙彫流行には、不安な部分があった。異国風俗にひかれ、誇張された人物や静物描写が外国人の好みに投じた根付は、もともと小さな愛玩にたえる細工物でなければならず、材質は緻密な技術をうけつける粘稠さを持っていたけれど、それが大形化し、技術も向上し、かえって写実に近づけば近づくほど、作品は愛玩物としても、造型としても魅力を失い、値段もいたずらに高騰する。色彩も質感も単調で、素材として必ずしも最上とは言えない。

その全盛期に光雲が、やがて凋落すべき牙彫の運命をはっきり見通していたかどうかわからないけれど、長年親しんできた木への執着は強くその心底にわだかまり、象牙という素材への故しらぬ不信は拭いがたい。師やその師鳳雲以来の仏師の魂が光雲にうずく。何よりも光雲には、木を彫る技術に対する第一等の自負がある。光雲は沢田に答えている。

「今更、今日に及び生計《タツキ》の為と申して、その家業の木彫を棄てて、牙彫をやるというわけには参りません。打ち明けたお話をすれば、全く、私は、象牙を嫌いなんです。イヤなのです。」

かつて鳳雲が東雲に折にふれて聞かせたという言葉が、自分も東雲から聞かされて耳を離れない。

「いやしくも仏師たるものが、自作を持って道具屋の店に売りに行く位なら、焼芋でも焼いていろ、団子でもこねていろ。」

象牙彫をやって、それを風呂敷に包んで、象牙商の店に売りにゆくことなどは、身を切られても出来ない。といって木彫の注文が来なければ、家族をかかえて生活が出来ない。しかし自分は木彫師だ。「よし、俺は木で掘るものなら何でも彫ろう。そして先方から頼んできたものなら何でも引き受けよう。」そう心に決めてしまえば仕事は思いがけずある。布袋や観音も彫るけれど、来ればコウモリ傘の柄でも張り子の型でも喜んで彫る。

どうして光雲のことを知ったのか、神田旅籠町の貿易商三河屋幸三郎が、突然光雲を訪れたのもその頃である。百姓のような風態の、チョン髷《まげ》を結って、太い鼻緒の巻下駄をはいたこの老人は、侠客肌と武士道をつきまぜたような人物で、不正をにくむこと甚しく、諄々《じゅんじゅん》と人に説く。かつて幕府の用達をつとめ、奥州、函館、上野のいくさには大変な働きをした。

光雲に持ってきた仕事は貿易品の型彫りだが、いままで絵師が下絵を描いていたものを、全く自由に意匠し、腕をふるってみてくれという。雑多なものだが、自分の作った一つの型から何千という商品が作られ、それが外国にゆきわたる。工夫の好きな光雲のことだ、なかなか骨が折れるけれど、この夢の多い型彫りの仕事を、渡りに船と引き受ける。

「随分たくさん作ったものと見えて今日でも時々父の作として見かける事がある。文房具や喫煙具などの原型で、物は俗悪だが彫刻的な仕事はよく出来ている。」（「姉のことなど」）と光太郎が書くその仕事は、マドロスパイプ、インクスタンド、洋傘の柄、ナイフ、時計台、鏡の縁の鋳物の型、ひょっとこの口が吸い口になっていて、鉢巻のところに煙草をつめ込むパイプとか、手長足長を組み合わせた鏡の縁、蟹の鋏のペン置、尻に蜂のとまった鬼の置物、ともかく西洋人の喜びそうなものを次々と作った。

光雲の腕も認められ、内地向けの仕事もぼつぼつふえ、生活が順調に向くようになるまで、この三河屋の仕事は、主として一家の生活を支える。

石川光明

光雲が石川光明をいつ知ったかはよくわからない。『懐古談』の中でも、ときに明治十五年と語り、ときに「十三年（龍池会の出来た年）から四年目に、初めて石川氏に邂逅して」と記す。しかし、ともあれこの意味深い出会いのことは、書きとめよう。

光明は光雲より三ヶ月ほど遅い同年の生まれで、幼いころ父母に別れ、十二歳から牙彫師の家に奉公、光雲とはほとんど同じ筋道をたどって一人立ちになった。しかし牙彫が時代に迎えられ、早く世に出て名人の名を得、龍池会の会員ともなり、下谷竹町に立派な家を構えて、七、八人の弟子を養っていた。

西町の光雲の仕事場の前にしばしば立って熱心に仕事をみまもる小柄な、髭のある、一見医師か詩人か書家といった風の人物がその光明であることを知ったのは、大島の家で知り合った鋳物師牧光引の紹介で光明が自ら望んで光雲を訪れてからである。

光明は第二回勧業博覧会に象牙で薄肉の額を出品したがその世評高い作品を光雲も見て、牙彫ではこの人の右に出る者はあるまいと強い関心を持っていた。光明もまた、光雲が東雲の店にいた頃からその仕事に注目していたことを語って、二人は旧知のように意気投合し、時のたつのも忘れて語る。

光雲が美術界の実情にむかって開眼し、展覧会出品を手引きされ、そのことによって世に出る糸口を得たのも、ここに始まる光明との親密な交渉によってであった。

心を決めて踏み出した明治十五年は、経済的な苦境をこの一家に強いたけれど、さまざまなものの萌芽を含みながらやがて暮れる。

明治十四年十月の政変は、筆頭参議大隈重信を追い落し、発せられた詔勅は十年後の国会開設を告げて、こう激しく結ぶ。

「朕惟フニ、人心進ムニ偏シテ時会速ナルヲ競フ、浮言相動カシ竟ニ大計ヲ遺《ワス》ル、是レ宜シク今ニ及テ謨訓ヲ明徴シ、以ッテ朝野臣民ニ公示ス可シ、若シ仍ホ故サラニ躁急ヲ争ヒ事変ヲ煽シ国安ヲ害スル者アラバ、処スルニ国典ヲ以テスベシ、特ニ言明シ爾有衆ニ論ス」

自由民権運動は急速に退潮する。十五年一月「軍人勅諭」発布。三月伊藤博文憲法取調のため渡欧。四月には岐阜で板垣退助が遭難し、六月には最初の鉄道馬車が新橋、日本橋間を走る。八月『新体詩抄』が世に現れ、かつて「天与人権」説を高唱した『国体新論』の著者加藤弘之は、「人権新説」（十月）に天賦人権は妄想に出る所似を説き、「君が代」が国歌と定められる。

これらの推移と呼応して、一時この国を吹き捲った欧化の波は、旧派保守の国粋復興の反撃と、欧化心酔を反省する国粋進歩派のよって遮られ、国粋復興の動きは、美術界にも徐々に強固な地位を固める。（フェノロサはすでに明治十一年に来朝、この国固有の美にその鋭い眼をむけはじめていた。）

かつて政府が

「抑モ本邦ノ彫鏤師ト称スルモノハ概ネ傭職ノ賤業ニ属シ絶テ上流人士ノ之ヲ学ヒ以テ身ヲ立テ名ヲ顕スノ技芸ト為スモノナク欧洲ニ在テ貴重セラルヽ彫刻学ノ如キモ亦其世ニ裨益アルコトヲ了知スル者ナシ是法規ヲ特設シテ之ヲ奨励スル所ナリ」

と言明し、「傭職ノ賤業」に属する仏師の徒弟幸吉（光雲）を、その油土や石膏にあこがれさせた工部美術学校彫刻科は、この年六月三十日に廃され、ラグーザは解任、十二月には学校そのものが閉鎖された。名実ともにこの学校が廃止されたのは、翌明治十六年一月二十三日である。

着々と地盤を固める明治絶対制国家形成の過程とないまぜられ、それと歩を合わせるように進展し、捲き返す美術界の国粋回復の波。それらを背景としつつ、明治十六年は、この東京下町の一彫刻師の家族に明けようとしている。

光太郎誕生の年である。

一等賞牌之圖

直径二寸三分　厚一分五厘

銅製

大阪造幣局ノ鑄造スル所ナリ

表

裏

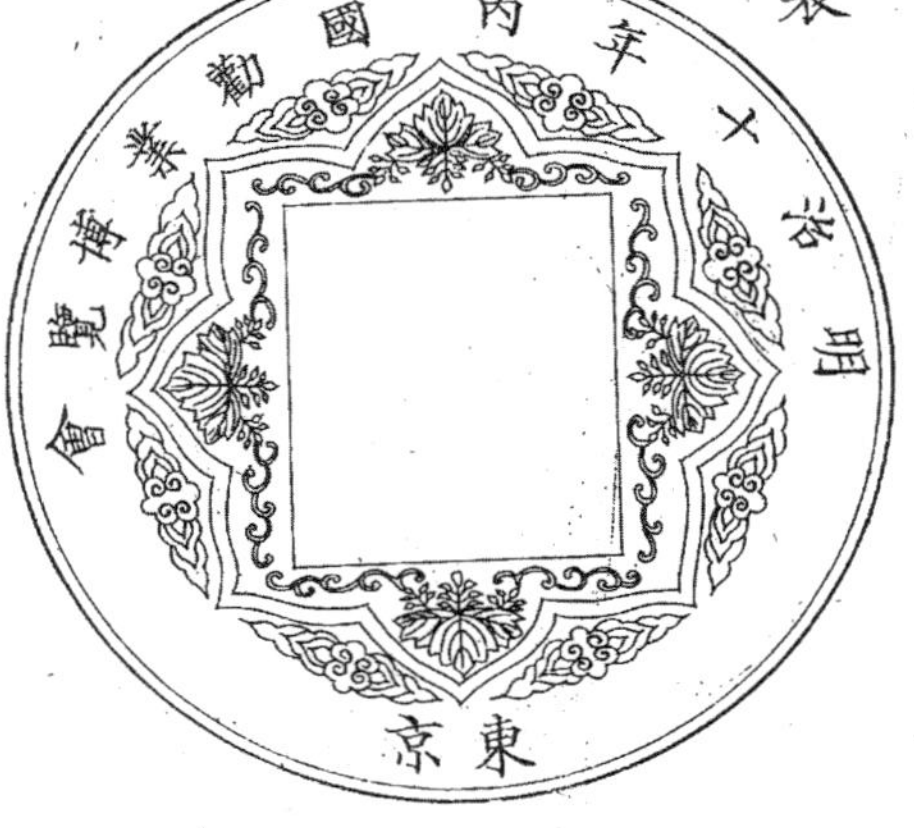

中心ノ方區ニハ賞牌ヲ受ケシ者ノ住所姓名ヲ刻入ス

東京府

名譽之章 龍紋賞牌	水彩畫　前賢故實圖	菊池容齋
龍紋賞牌	水晶印材	相原卯吉
同	蒔繪	柴田順藏
同	大小花瓶壺皿畫彩	渡邊吉彌
同	象牙	旭玉山
同	木像	高村東雲
同	象牙彫	大川萬吉
同	打出形彫	龜井爲寳

一等賞牌の図（前頁）

「明治十年　於東京上野公園内内国勧業博覧会場案内」より（44～46頁）著者提供

博覧會通行札

種類	色	價
平日《へいじつ》通行札	青《あを》	七錢
土曜日《どようび》通行札	白《しろ》	三錢
日曜《にちやう》日通行札	黄《き》	拾五錢
別段《べつだん》通行札	紅《あか》	壹圓

別段通行札は一度《いちど》これを買《か》ひたれば初《はじめ》より終《をはり》會まで通用す但《たゞ》し一日一度にかぎるなり

色により価格が異なる
4種類の通行札

会場の中央にあったという
レンガ造りの美術館（10頁）

家系譜

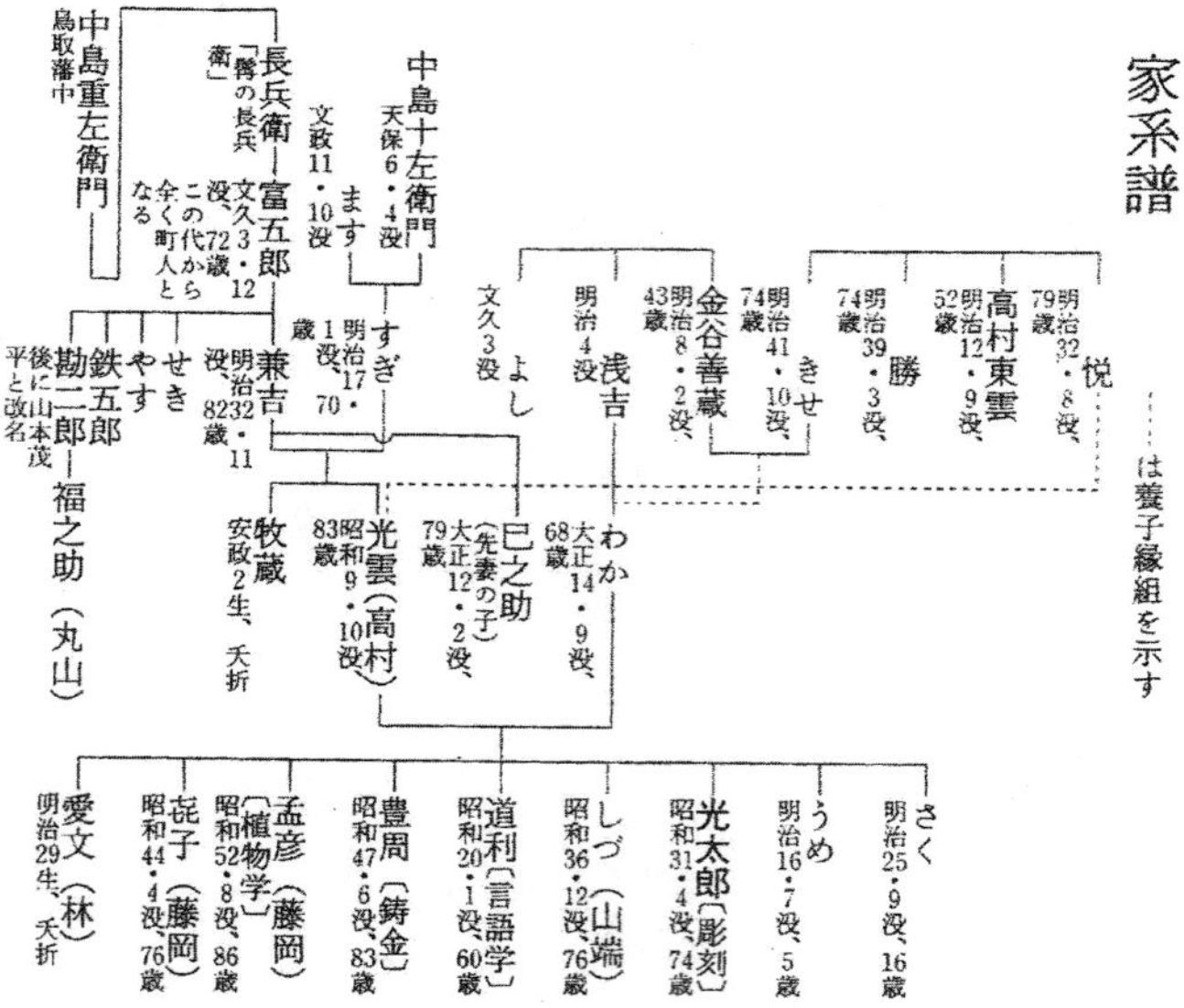

高村光太郎全集別巻
「年譜・北川太一編」より
（資料提供　筑摩書房）

光太郎詩の源泉

少年時代からの彫刻修行や、『明星』の歌人高村砕雨《さいう》のなかに、その素質や彫刻家・詩人としての原形を見出すとしても、光太郎が生き方の核心を確かに自覚するいとぐちを得たのは、パリのアトリエの孤独な日々の体験と、思案の中でだったと言っていいでしょう。故国を遠く望み、世界の美の中心にいて、光太郎は心通うロンドンの若き友バーナード・リーチに書き送っています。

「僕は一生懸命に、絵や彫刻の勉強をして来ました。自然界の神秘を探る一番いい方法だと思うからです。それは天文学者が天体を見るのに、望遠鏡を使うのといくらか似ています。ここに来て印象派の絵描き達について勉強して、ずいぶん高く評価しています。でも僕はいままでの勉強の仕方—ある程度西洋風に慣れようとする試み—をやめました。そしてもう一度自分本来の野蛮な方法に戻ります。—僕が今しなければならないのは、どこに居ようとも、自然とともに精進すること。

(明治四二年一月四日)

そこでこそ人間の名に値する新しい美を生もうと、思い定めて帰ってきた光太郎を待ち構えていた日本は、しかし父光雲を指導者の一人とする美術界の重く厚い旧体制の壁や、明治末期の、人間無視が我物顔に横行する矛盾に満ちた世の中でした。洋行帰りを利用して美術界に押しだそうとする周囲の期待を一切拒否し、制作に評論に、光太郎の苦闘がはじまるのです。

何をおいても自分は彫刻家だと思う光太郎のなかに、しかし、だからこそいっそう詩の魂は燃えてやみません。日本でかつて違和感を感じた詩は、パリではむしろ光太郎を震撼《しんかん》させます。自己の全存在をなげうって生み出すボードレールやヴェルレーヌの詩に、ロダンの彫刻を生んだものと同質の、解き放された人間精神を見るのです。

パリから光太郎が帰京したのは明治四二年七月のことですが、その年の暮れにはいち早くこの国の詩にふれて「詩と音楽」という散文を書いています。日本を留守にしていた三年の間に、北原白秋や三木露風が興した革新の火を消さないために、ボードレール以後のフランス詩界のように、「自由に、頑強に、放縦に、微妙に、あらゆる近代人の心理情調を見るに至る事を望んでいる。」というその一節は心を引きます。四月に発表して多くの人々に衝撃を与えた美術評論「緑色の太陽」にも、ほとんど同じ表現、「自由に、放埓《ほうらつ》に、我侭に、その見た自然の情調をそのまま画布に表わさせたい。」を見るからです。

　閉ざされた行きどころの無い社会状況のなかで、芸術界の絶対の自由を宣言し、芸術家の人格に無限の権威を認めようとする「緑色の太陽」は、あらゆる意味で芸術家を唯一人の人間として考えるのです。だから、と光太郎は言い放ちます。「僕の製作時の心理状態は、一箇の人間があるのみである。自分の思うまま、見たまま、感じたままを構わずやるばかり」だと。

　以前にも幾つかの習作はありましたが、短歌では表現しきれない沸き返る思いを持て余して、本気で詩を書こうと思ったのはその年の暮れのことでした。翌年一月の『スバル』に発表された「失われたるモナ・リザ」など五篇の詩はとりどりに世の注目を引きましたが、殊に最後の詩、日常語一切から成り、自分もその一人である日本人の卑小性を、「……魂をぬかれた様にぽかんとして／自分を知らない、こせこせした／命のやすい／見栄坊な／小さく固まって、納まり返った」と断罪する「根付の国」には非難が集まります。「あの頃はああいう詩は詩じゃない、非詩だっていわれた。杢太郎や白秋のような表現でなければね。上田敏もそういっていた。でもそう感じるんだからしょうがないというので書いていたもんです。」とのちに光太郎は語っています。
明治四五年一月に『二六新報』に載った「詩壇の進歩」は、そんな詩への思いをこんな風に吐露するのです。

「気取ったものを詩と思い、気取った作でなければ詩で無いと思い、詩を作れば気取らなければならないと思うような人はだめだ。——是からの詩は地面を歩いて居る詩で無ければ駄目だ。これは絵でも彫刻でも皆そうで、独り詩のみじゃない。—僕はポエムという作品よりも、寧ろ周囲の空気とか、人間そのものとかを尚ぶ。その人を味う為に作品を見るのだ。」

光太郎にとって、それぞれの表現を取りながら詩も造型も同じ「人間の生」、ラヴィlavieを根底に持つ不可避な営みである事は、自明の事実でした。
関東大震災で区切られた時代は、世界の動乱に明け暮れました。日本でも治安維持法が暴威を振るい、人々はさまざまな恐慌におののきます。そんな大正十五年に「世界平和の日」というアンケートに答えて光太郎は、残念だが二十一世紀が来るまでに、その日は来ないだろうと述べたあとで「世界平和の日を翹望《ぎょうぼう》するにつけても、人類進化の遅々たるを痛感します。人類同志の偏見に勝ち得る人類総体のもう一段の進化にはどの位の年月を要するでしょう。」と答えています。

光太郎が自らの信条を熱く書き留めた「彫刻十個条」を発表し、その最初に「彫刻の本質は立体感にあり。しかも彫刻のいのちは詩魂にあり。」と記したのは、その年六月のことでした。「詩魂」の語を、光太郎が一貫してこだわり続けて来た生命感、ラ・ヴイと言い換えてもいいでしょう―それがあるから彫刻にも詩にもあらゆる人生の心が宿り得るし、「あらゆる感動と感情と微韻《びいん》と陰影との存する事を妨げない」のです。そして付け加えます。「ただ詩魂の高下がある。魂の高さは直ちに彫刻の高さ深さとなる。どんな術《すべ》を施してもおお蔽う事の出来ないものは此である」と。その故に彫刻も詩も光太郎にとっては、かつての詩「道程」にいう「道」の実践にほかなりません。

さきに光太郎は我が意を得たように、ロダンの言葉をこの国の言葉に移しました。「何を生命と呼ぶか、あらゆる意味から君を激動させるもの、君を突き貫くものの事です。」「かんじんなのは感動すること、望むこと、身ぶるいすること、生きることとです。芸術家である前に人であること！」。しかしそのロダンをさえついに、自らの進むべき「道」にとって、「私は彼と趣味を異にする。この入口が既にちがう。美の観念に就ても指針が必ずしも同じでない。私の北極星は彼と別な天空に現れる」と断ずるのです。

震災を境に、いっそうあらわになる人間疎外の社会状況のなかで、激しい抗議と決意を響かせた「ぼろぼろな駝鳥」などの詩群「猛獣篇」が生まれ、ほとんどそれと重なるように小さな生き物達の命を慈しむ、厳しくも愛すべき木彫小品の数々が次々に刻まれるのも、光太郎にとっては同じ、いのちへの思いの表裏だったにちがいありません。

光太郎はしばしば、「彫刻とは一つの世界観だ」と書きます。事物を結果ではなしに原因と形成で捉え、表面ではなしに塊《かたまり》の量と触覚で感じる彫刻的感性を養うことで、人はこの世に最も根本的な見方のあることを知り、もっとも単純な、そのゆえに最も深い美の世界としてこの世を見直すことが出来るだろうと。詩を支えるのも、同じ世界観に他なりません。

光太郎が生涯強い関心を持ち続けた書について、それが根本に造型美術共通の公理を持つことを指摘した上で、「書を究めるという事は造型意識を養うことであり、この世の造型美に眼を開くことである。書が真に分かれば、絵画も彫刻も建築も分かる筈であり、文章の構成、生活の機構にもおのずから通じて来ねばならない。——書がその人の人となりを語るというのも、その人の人としての分かりかたが書に反映するからであろう。」（昭和十五年八月「書について」）と書いたのは、おなじ意味を持つでしょう。

「詩とは人が如何に生きるかの中心から迸る放射のみ。」とする詩についても、同じ頃「詩の世界は広大であって、あらゆる分野を包摂する。詩はどんな矛盾をも容れ、どんな相克をも含む。生きている人間の胸中から真に迸り出る言葉が詩になり得ない事はない。」（昭和十五年五月「自分と詩との関係」）と語っています。光太郎と智恵子の生涯が人々に常に問いかけるのは、ともに歩んだいのちへの共感と愛惜であり、矛盾撞着を覚悟しながら同胞のいのちを荒廃から守ろうと一途に書いた戦時の詩も、そんな思いから生れました。

戦後、あの苛烈な北方山居の自然の中で書き継がれた詩群「暗愚小伝」が戦争にたいする一人の反省の詩であるのみならず、人間の「いのち」の立場からする、日本の近代への痛切な告発の書であることも見のがしてはならないでしょう。

最晩年の随筆「生命の創造」の中で、その生涯をしめくくるよう光太郎は書きました。「いのちあるものを見るのは無限にたのしい。いのちあるものは無限にかなしい。このようなよろこびとかなしみとを定着しようとして人間は芸術という形に於いて神をまね、神を冒した。――どのような転変が行われても、芸術のよりどころとなる一点はいのちの有無にかかっているにちがいない。人間の手による生命の創造が可能になっても生きて動き、生れて死ぬいのちがこの世に有る限り、人間は芸術によるいのちの創造を決してやめないだろう。」（昭和三一年一月『新潮』）と。

鷗外と光太郎

——巨匠と生の狩人——

人と人との間に見えない力が働く、そんな不思議な時間があるものだ。駒込台の一角に作用した鷗外と光太郎にとっての明治二十五年という年は、そんな時間の一つだ。一月、鷗外が後に（明３６〜３９）夏目漱石も住んで「吾輩は猫である」を書いた千朶《せんだ》山房と呼ぶ借家から団子坂上に移り、書斎を新築して観潮楼と名づけたのは八月のことだった。七月は初期の翻訳や創作を集めた『美奈和集《みなわしゅう》』が刊行されて居る。十一月には『しがらみ草紙』に光太郎にも強い感化を与えることになるアンデルセンの『即興詩人』訳を載せ始めた。鷗外三十歳。以後の生涯はここで送られる。

九月に日本画を学んでいた十五歳の長女さくを失い、傷心の高村光雲一家が、まるで磁石に引かれるように、歩けば十分ほどの千駄木林町に終《つい》の棲家を定めたのは、同じ十一月のことだった。長男光太郎は九歳。奇《く》しくも京都から上京し、落合直文を介して与謝野鉄幹が初めて鷗外にまみえたのもこの年だった。

翌年陸軍軍医学校長に任じられた鷗外の乗馬姿を、少年光太郎は畏敬のまなざしを持って、何度も見たに違いない。光雲は東京美術学校教授、帝室技芸員。鷗外も早くから美術学校解剖学講師などとしてこの学校に関わった。光太郎はその文学的出発を語るとき、鷗外の訳文と藤村の詩を挙げるのを常としたが、初期の俳号に「鷗村」を選んだその傾倒ぶりも微笑《ほほえ》ましい。美術学校本科一年の生徒として聞いた美学の講義は、威張っているような軍服姿が近づきにくく、興味はありながら敬遠した。明治三十三年に加わった鉄幹の『明星』では、光太郎は若き歌人砕雨として重んじられたが、同じ雑誌の明治三十六年十月の評論「情死」以後、鷗外の寄稿もしばしば見られ、光太郎の米欧留学を経て、『スバル』（明４２〜大２）、『我等』（大３）、『アルス』（大４）等々にはその作品の同時に掲載されること甚だ多い。医学者としての鷗外は知らない。しかし文芸に心寄せる若者たちは、軍服とサーベルの象徴する権威に反発したとしても、その新しい可能性に期待する鷗外の目は、常にいつくしみの深い愛情に溢れていたように見える。

　光太郎が帰国した明治四十二年の七月『スバル』に掲載された、この陸軍軍医総監の小説「ヰタ・セクスアリス」は時代に反逆する永井荷風ら若者たちの作品と同じように発売が禁止された。翌年には大逆事件に衝撃される若者達の中にいて、その苦悩に満ちた戦いが何であったかを、感じ取った者もいたに違いない。

大正七年一月の『帝国文学』に掲載された「観潮楼閑話」は光太郎との対話の様子を記録し、一途に生の真実を追い求めるその仕事への、永く細やかな関心をうかがわせる。鷗外が亡くなってずっと後、昭和十三年の川路柳虹との対談（「鷗外先生の思出」）で、「鷗外先生は高村さんを非常に好いて居られたが、一面けぶつたがつても居られたようです。」の言葉に光太郎は答える。「先生は大変大まかなところもある反面に随分神経過敏なところもあって、こまかな点を一々おぼえて居られたようです。まあ僕は性質としてあんなオーソリテイに対しては意識的に『好かれようとする態度』をとらないで、わざとぶつかって行くような事ばかりしたもので、よく鷗外先生にやられましたよ。……然し鷗外先生に対する尊敬の情は他人《ひと》一倍強かったつもりです。度々先生を訪ねて、建築や美術の議論をしました。ただ尊敬はしていても服さなかったですよ」。

祖父からもらった「およそ権威顔して不当にのさばる者を許し難しとする」気質は、鷗外にも、父光雲にも師鉄幹へのそれにも通ずる。鷗外に対する敬意は、柳虹との対談の二年後に書かれて、ロダンに対するその理解に触れる「鷗外先生の『花子』」でも知られる。ロダンが愛してその首の習作を幾つも残した、旅の女芸人花子を描く小説「花子」（明治四三年七月『三田文学』）を評した短い文章は、こんな風に結ばれる。

「この小説にあるダンテとボオドレエルとはロダンの彫刻の言はばライトモチフとなつたもので、『地獄の門』や、多くの絶望的な女体の構図は多くそれらの中から来てゐる。鷗外先生は軽い花子の一挿話を書きながらも、そのロダンの急所をのがすような事はなされなかった。」

（昭和十五年十月号『風経』）

光太郎が『白樺』などに関わる空白のあと、第二次『明星』が復刊されて新たな詩作の峰を迎えようとする大正十年には、再び鷗外と共にする機会を持ったけれど、翌年七月にすべての肩書きの権威を捨て、鷗外は一人の森林太郎として六十歳の生涯を終わった。遺族の望みでそのデスマスクを取ることを求めたのは与謝野寛だったが、光太郎はそれを丁重に断った。それもまた鷗外への、光太郎の敬意の表現であったろう。父光雲のデスマスクさえ光太郎は取らなかった。

（二〇〇七）

八一と光太郎

——ひびきあう詩の心——

会津八一さんを一度だけお見かけしたことがある。昭和二十八年十二月六日から日本橋の丸善で始まった書の個展は、いつまで続いたのだったか。記憶はあいまいだけれど、あのころの丸善は三階が洋書売り場で、その奥に画廊があった。

会津さんは洋書の棚に目をやりながら、ゆっくり画廊の方から歩いてこられた。そして大きな目でふとこちらを見た、と思う。もちろん僕は後ろ姿を見送りながら、立ち尽くすばかり。画廊の入り口に立つと、突きあたりに掛かっていた杜甫の「登高」の双幅、「無邊落木蕭蕭下」「不儘長考滾滾来」がいきなり飛び込んできて、到底手の出るはずもないのに、欲しいと思った。あとで聞くとあの展覧会には高村さんも行かれたのだという。

十月に十和田湖畔の裸婦群像の除幕式に参加し、一か月後にはブリヂストン・ギャラリー制作の美術映画制作のため太田村山口の旧居に出かけ、十二月五日に中野のアトリエに帰ったばかりだった。

　積年の肺結核が悪化していた高村さんは、翌年取り掛かった胸像の仕事を五月で中止し療養に従うことになるのだが、昭和三十一年四月に亡くなるまでの数年を、ことに書に深い関心を寄せた。「これからは自分の書を残そうと思う」と語り、昭和三十年三月には「黄山谷について」を、六月には書に関する最後の文章「書についての漫談」発表している。

　僕は時々アトリエにお邪魔しては、生涯のさまざまなお話をお聞きしていたのだけれど、七月二十七日のノートには、かなりたくさんの書についての談話が記録してある。会津さんの話もその時に出た。「秋艸道人の書、あれは非常にうまいと言うんだが、それでいつか丸善で展覧会があった時、買うつもりで観に行った。ところがどうも（買いたい作品が）無いんだな。気張って書いている。これではもらっても困ると思った。」買うつもりで観に行ったというのは、よくよくの執心だ。

　同時代を生きた会津さんと高村さんの、相会うことの無かった生涯には、いちずな美へのこだわりはもちろん、若き日に南都の諸仏から受けた決定的な転機から、愛し続けた女性まで不思議な符合が幾つもあった。その間には人並み越えて二人を敬愛する、吉野秀雄さんや松下英麿さんがいる。

　会津さんの書についても、高村さんは十分知っていたに違いない。しかし座右に置くためには、重いと感じたのだったろう。高村さんより十年若い中川一政が書いている。「会津博士の書論には同感することが多いが、活字を手本にしたというのに、書は癖っぽいと思うがどうだろう」。それに輪をかけた中川さんの「癖」に僕は微笑む。

あるいは奏で、あるいは刻み、あるいは描き、それぞれの気稟にあふれて、観《み》る者のこころを離さない多彩な作品群の美を、（今回の特別展で）僕はかけがえのない宝のように、いつくしみ、尊び、思い浮かべる。

（二〇〇七）

秋艸道人は会津八一の書号

心平・規と光太郎

明治・大正・昭和の激しくゆれ動いた芸術の世界で、高村光雲に始まる家系ほど興味をそそるものは少ない。一介の巷の仏師から身を起こし、勿ち東京美術学校教授、帝室技芸員に挙げられ、木彫の巨匠としてこの国の彫刻界を指導した光雲は、家長として、子供たちの行く末に周到な計画を持っていた。昭和九年十月、八十二歳の天寿を全うした時に、長男光太郎は方向は異にしても、新しい芸術界の旗頭として心ある人々の嘱望をあつめ、鋳金の技を修め一家を支える豊周は、父を継いで東京美術学校教授の位置にあった。しかし前年、豊周の長男として初めて恵まれた内孫、眼のなかに入れても痛くないほど可愛がっていた規が、のちに写真家として大成しようなどとは、思ってもいなかったに違いない。その規のレンズが、見事な最晩年の光太郎の姿を捉える。

昭和二十九年十二月二十三日の光太郎日記は記す。「豊周と規君くる、規君写真をとる、」光太郎はパス、クロロマイセチン常用の結核療養中だが、珍しく訪れた現に、はしゃいでカモシカの皮などを羽織って見せた。規はこの年、日本大学芸術学部写真学科に入学している。その時写した何枚かの写真は、翌年二月六日に訪問した豊周夫妻の手でアトリエに届けられた。二月九日夜に書いた「白伝」の草稿とともに、翌日、創元杜の『日本詩人全集』のために択んで編集者に手渡されたのが、草野心平が「ツツヌケの笑顔」と書いたその中の一枚だった。おそらく肉親にしか見せない満面の笑顔は、強烈に見る者の心に残った。撮影者の名も記されなかったその写真が、規の外部への最初のデビューだったろう。

写真は心平をはじめ光太郎の最後を仕切る人々をも引きつけ、葬儀の白木の棺を飾り、まだ在学中の規は、遺作展の撮影を委嘱され、全集の編集を始めていた筑摩書房から、口うるさい評論家や彫刻家が編集し、先ず刊行した彫刻写真集『高村光太郎』の撮影者にも択ばれた。規が自ら書いているように、光太郎の死は間髪を置かず、初対面の規に心平への親愛を引き渡す。

心平が中国の詩人黄瀛の手引きで初めて光太郎アトリエを訪れたのは、大正十四年だった。この国に治安維持法が公布された年とだけ言っておこう。「猛獣篇」時代にあった光太郎に傾倒してから、昭和三十一年に光太郎が没するまで、三十二年間にわたる心平の敬愛は一貫し、光太郎もまたこの「けちなところの少しも無い、微妙なところのよくわかる、ものの判断の確かな、そして愛に満ちた」人物を最後まで信頼した。

規が最後に光太郎を写した作品の思いそのままにその愛は心平に向かって注がれ、光太郎顕彰のつねに中心にいた心平への家族ぐるみの信頼は、昭和六十三年、八十五歳の死に至るまでの、写真による膨大な人間記録を形成した。光太郎から数えれば六十三年の高村家との関わりである。

その間にも規の成就した、高村家と周辺の全軌跡、祖父光雲や伯父光太郎の彫刻作品集、その妻智恵子の紙絵の保存と複製、父豊周の鋳金作品集等々は、この国の生と美に関心を持つ多くの人々の限りない宝として、深い感謝を以て迎えられる。

かつて光太郎は「写真は唯作品の状況のみを写す。一番肝腎の点を誤り伝へる。私は法隆寺夢殿の救世観音の善い写真を未だ曾て見ない。」(「彫刻十個条」)と書き、「写真は人間の先天の美のみを写して後天の美を能く捉えない。後天の美を本当に認め得るのは活きた眼だけである。」(「人の首」)と嘆いたが、ここには時を経て積み重ねた規の、それに対するカメラと眼による一つの回答がある。その困難な道に挑んだ規の、宿命と栄光とがある。

(二〇〇八)

湯川秀樹と光太郎

昭和二十年八月十五日の終戦から一月も経たない九月十二日、高村光太郎は青年時代からの親しい友、水野葉舟に宛てて書いています。

子供等を何とかして純粋に聡明に育てなければ日本の今後があやぶまれます。又昔の状態に逆戻りするのでは情けない事ですから是非とも心ある者の努力が必要です。日本の所々方々に小さな、しかし善い中心が無数に出来て、ほんとのよい生活がはじまらなければなりません。無理でなく又せっかちでなく、地味に、かくれた努力が必要です。これまでのやうな所謂文化でない、真の日本文化が高く築かれるべきです。大地と密接な関係を持ち、自己の生存を自己の責任とする営みの上に築かれる至高の文化こそ望ましいものと考へます。

明治四十年に生まれた湯川秀樹は明治十六年に生まれた光太郎より二十四歳年下の原子物理学者で、昭和十年にすでに中間子の存在を予言し、昭和十八年には文化勲章をうけています。其の物理学者に敗戦の翌年「子供達の為に」書いた「詩と科学」という短い文章があります。詩も科学も「自然を見ること聴くことからはじまる。薔薇の花の香をかぎ、その美しさをたたえる気持と、花の形状を調べようとする気持の間には、大きな隔りはない。」とした上で、薔薇の詩をつくるのと顕微鏡を持ち出すのとではもう方向がちがっているが、

ごみごみした実験室の片隅で科学者は時々思いがけなく詩を発見するのである。しろうと目にはちつとも面白くない数式の中に、専門家は目に見える花よりもずっとずっと美しい自然の姿をありありとみとめるのである。しかしすべての科学者がかくされた自然の詩に気がつくとは限らない。科学の奥底にふたたび自然の美を見出すことは、むしろ少数のすぐれた学者にだけ許された特権であるかも知れない。ただし一人の人によって見つけられた詩は、いくらでも多くの人にわけることができるのである。

いずれにしても、詩と科学とは同じ所から出発したばかりではなく、行きつく先も同じなのではなかろうか。そしてそれが遠くはなれているように思われるのは、途中の道筋だけに目をつけるからではなかろうか。どちらの道でもずっと先の方までたどって行きさえすれば段々近よって来るのではなかろうか。それればかりではない。二つの道は時々思いがけなく交叉することさえあるのである。

（昭和二十一年十二月『「随筆四季』第2輯）

その湯川が「原子と人間」という長い詩を書いて原子力解放の歴史をうたったのは、昭和二十二年のことでした。人間がこの世に現れる以前から筆を起こしたこの長大な詩は、こんなふうに終わります。

…………………

遂に原子爆弾が作裂したのだ
遂に原子と人間とが直面することになったのだ
巨大な原子力が人間の手に入ったのだ
原子炉の中では新しい原子が絶えずつくり出されていた

…………………………

石炭の代りにウランを燃料とする発電所
もう直にそれができるであろう
錬金術は夢ではなかった
人工ラヂウムは天然ラヂウムを遥かに追越してしまった
原子時代が到来した
人々は輝かしい未来を望んだ
人間は遂に原子を征服したのか
いやいやまだまだ安心はできない
人間が「火」を見つけだしたのは遠い遠い昔である
人間は火をあらゆる方面に駆使してきた
しかし火の危険性は今日でもまだ残っている

…………………………

原子の力はもっと大きい

原子はもっと危険なものだ
原子を征服できたと安心してはならない
人間同志の和解が大切だ
人間自身の向上が必要だ

世界は原子と人間からなる
人間は原子を知った
そこから大きな希望が湧いてきた
そこにはしかし大きな危険もひかえていた
私どもは希望を持とう
そして皆で力をあわせて
危険を避けながら
どこまでも進んでゆこう

（ＰＨＰ　昭和二十二年三・四月合併号）

光太郎が岩手の山小屋で「暗愚小伝」に腐心している頃でした。

二十七歳の秀樹が原子核力の理論的研究に基き新粒子中間子の存在に着想したのは昭和九年のことですが、その存在の予言に対してノーベル物理学賞の授与が決定したのは、この詩を書いた二年余りあと、昭和二十四年十一月のことでした。

岩手の過酷な自然のなかで、物そのものの即物的な美をうたった詩人と、物質の根源に詩を感じ取り宇宙の神秘にせまった科学者の、時をおなじくする相似た表白をならべた意味をここに縷々《るる》と述べるのはやめましょう。この時期からすでに半世紀をはるかに越えた時が過ぎます。光太郎が最後の詩「生命の大河」で

……………………………
科学は後退をゆるさない。
科学は危険に突入する。
科学は危険をのりこえる。
放射能の故にうしろを向かない。
放射能の克服と
放射能の善用とに
科学は万全をかける。

原子力の解放は
やがて人類の一切を変え
想像しがたい生活図の世紀が来る。
そういう世紀のさきぶれが
この正月にちらりと見える。

……………………

とうたったあと、七十三年の生涯を終わったのは、昭和三十一年四月のことでした。「世界連邦」の構想にこだわりながら、湯川秀樹は最後の文章「平和への願い」を寄稿した年、昭和五十六年九月、七十四歳でなくなりました。

二人といわず様々な叡智や力に充ちた多くの人々が世界の平和を願って提言し、努力を重ねてきたことを私たちは知っています。そんな努力が半世紀といわず、実に何世紀も重ねられて来たにもかかわらず、歴史は螺旋のように逆行し、理不尽な欲望は止めどない戦火で地表を覆います。二人の詩人、科学者の言葉を最後に付け加えたのは、ここでももう一度、「どうして」「なぜ」、とそのことに立ち止まっていただきたかったからです。この付記をここまで書いて来た平成二十一年五月六日にも、新聞は大量殺戮を可能とする核弾頭を運ぶミサイルの製造に狂奔する国々の情報を、すでに既成の事実のように伝えます。そして同じ月、北朝鮮は原爆保有国としての世界の認知を期待して、地下核爆発の実験やミサイル発射を繰り返しているのです。

（二〇〇九）

常念残雪

吉本隆明の『高村光太郎』

―光太郎凝視―

光太郎研究草創期の私的回想

隆明さんの中にはまだ誰にも表現されたことのない思いが渦巻いていて、それを伝えるために新しい言葉が模索され、または言葉に新しい意味が充填される。隆明さんの仕事はいつも周到で丁寧なのに、それが難解の貌を持っていたり、あらゆる誤解も呑み込むような不思議な魅力をもっていて、あの堅く構築された論理構造は、限り無い知的挑戦の意欲をかきたたせる。

人は次々に送り出される広範で多彩で新しいその生産力の豊饒さに目を瞠るけれど、しかし本当は、詩人としての隆明さんや思想家としての隆明さんの膨大な仕事の根底にあって、それらを必然の生理のように生み出して居るのは、避けること無く前進する生きることへの実に誠実な想念、現実的な知恵をも踏まえた生活者としての男らしい開路者の歩みだと、お互いに貧しかった頃から隆明さんを知っている僕は、勝手に思う。そしてそれは僕の中で自然に高村さんと通底する。

隆明さんの実質的には最初の本と言っていい部分を含む、二十歳代後半から四十歳代半ばにかけてのこの仕事、『高村光太郎』を読み直して、改めてそのことを感じたし、この本にどんな解説がいるだろうとも強く思った。私的な感情を交えて言えばここには大戦直後の僕たちの、言わば抜き差しならない突き詰めた出発があり、大袈裟に聞こえるかも知れないが、命懸けの再生への営みがあった。恐らくこの本は隆明さんにとっても思い深いものだったのだろう。何度にもわたって改訂され増補され、今文庫版に移されるこの版には、隆明さんの光太郎との関わりのそのはじめから、内心の遍歴のいちいちが自らの手で書き留められていて、付け加えることがなにもない。おそらく隆明さんの沢山の著書の中でもこの本ほど感動的にその思考の論理や、人そのものの形成の過程を説き明かしてくれたものは数少ない。ここには膨大な隆明さんの世界をひらく、幾つもの鍵が隠されているように思われる。その意味でも重い青春の思いを込めて、光太郎の全体像を初めて構築したこの戦後評論の一傑作は、隆明世界に分け入ろうとする人々が最初に読むにふさわしい。

僕たちの世代の物心ついてからの十数年は戦争の季節だった。小学校に入った昭和六年に上海事変、翌七年には満洲事変、五・一五事件。満洲国ができたり、雪の朝には二・二六事件がおこって人がたくさん死んだり――この頃から外側の記憶はひどく鮮明になる――、ちょび髭のヒトラーの顔がやたらに目についた。そして中学に入った年の七月七日に日本と中国との本格的な戦争が始まった。中学を卒業する月、昭和十六年十二月には、あとで大東亜戦争と名付けられるアメリカやイギリスとの戦争が勃発する。昭和十四年九月にすでにヨーロッパでは第二次世界大戦が起っていた。中学の卒業を昭和十六年十二月、と書いたけれど正式に書けばその学校は東京府立化学工業学校、戦時の特別処置で工業学校は繰上げ卒業になっていた。

振り返ってみるとずいぶん暗く重い時代だったと思うけれど、現実の日々は必ずしも図式通りにはいかない。多分あの頃のどこの学校もそうだったように、厳しく統制されたスパルタの、戦時要員製造工場のような見掛けの中で、そのまま後の暮らしに役立つようにと、下級官吏や町工場、そんな巷の親たちの願いを背負って入ってきた生徒たちだが、僕たちはこだわらず思い思いに篤い友情やひそかな愛憐の青春物語を織った。学校には四つの組があって、本科が三クラス、落ち零れを集めた第二本科が一クラス。隆明さんは二組応用化学科、僕は四組の電気化学科だった。

残念なことにその頃の隆明さんを、僕はほとんど覚えていない。僕は茸につく小さな甲虫を追いかけて夢中だったたし、隆明さんは哲と自分で署名するような哲学的文学少年だったのだから。しかし隆明さんの書いたものを読むと、あの頃の僕らを作った同じような情景がまざまざと目に浮かぶ。下町の思いがけない町裏に、それこそ教養人としか言い様のない素敵な私塾の先生がいた。岩波文庫でとぎれとぎれだがファーブルの『昆虫記』が読めたし、宮沢賢治もそろそろ僕らの視野に入り始めていた。全集まではなかなか手が届かなかったが、昭和十四年に羽田書店から出た松田甚次郎の『宮沢賢治名作選』は何度も版をかさねていて、戦時をとおして僕らの愛読書になった。たくさんのそれこそダイヤモンドのように善意をちりばめた童話や、詩「野の師父」、「農民芸術概論綱要」、「雨ニモマケズ」などは暗記するように読んだ。高村さんの『道程改訂版』が出たのは昭和十五年十一月で、その後普及版が出て、翌年八月には『智恵子抄』が刊行された。

僕のクラスは二年生になった頃から、『白雲』というガリ版雑誌を持っていたし、加藤進康とか染谷誠一、安田三郎といった僕の目からは天才としか思えないような早熟な個性が周りにいた。きちんとした読書の環境を持たなかった僕を、それらの書物に導いたのは、若い熱心な担任の教師と、友人たちだった。中でも親しかったのは加藤進康で、『ファウスト』の醍醐味から仰天するような性の知識まで、彼は僕の先生だった。少し遅れて隆明さんのクラスも『和楽路《わらじ》』というガリ版雑誌を出し始めた。その名前はいまでも良く覚えている。隆明さんがその雑誌に載せた詩や文章の幾つかは、今では「初期作品集」で見ることができるが、「相対性原理漫談」などは皆が夢中になった岩波新書のアインシュタイン、インフェルト『物理学はいかに創られたか』をすぐに連想させるし、卒業まじかの十月号には、多分最初の小説？「孔丘《こうきゅう》と老聃《ろうれん》」が載った。満年齢でいえば十七歳にとどかない青年の思想と文体としてはこれは見事だ。そしてそれは高村さんの詩「老聃、道を行く」の味読にかかわる。

光太郎の詩「老聃、道を行く」は初め昭和十三年一月号の『中央公論』に発表されたあとで、翌年十二月河出書房から刊行された『現代詩集』第一巻に収められた。この巻は高村さんの近作を含む二十五篇の詩につづいて、草野心平、中原中也、蔵原伸二郎、神保光太郎の作品で構成されていた。隆明さんの「高村光太郎私誌」は今氏乙治先生の塾での、その詩集や光太郎とのはじめての出会いから書きおこしている。

高村さんははるか昔、大正十五年一月号の『婦人之友』のアンケート、「二十一世紀までに世界平和の日はくるか」という問いに答えて、「遺憾ながら、来ないであらうと思ふ方に私は傾いてゐます。」と書いた後で、「世界平和を翹望するにつけても、人類進化の遅々たるを痛感します。人種同志の偏見に勝ち得る人類総体のもう一段の進化にはどの位の年月を要するでせう。」と続けているが、日中戦争を背景に置いて、この詩の中でも老子に「満天下に充溢する叡智の世は来ないか／為して争はぬ事の出来る世は来ないか／ああそれは遠い未来の文化の世だらう／人の世の波瀾は乗り切るのみだ／黄河の水もまだ幾度か干戈の影を映すがいい／だが和光同塵も夢ではない」と語らせている。

もう一つの、隆明さんの心に残った「寸言」と言うのはこういう詩だ。

「繭には糸口、存在には詩の発端。いたるところの即物即事に、
この世の糸は引き切れない。君にいるのはただ煮えたぎる湯。」

進学組の隆明さんは米沢の、加藤進康は桐生のそれぞれの高等工業学校に進み、就職組だった僕は都の試験所に勤めて、物理学校の夜学に通い始めた。その東北の風土の中で、隆明さんがどんなに賢治にひかれていったかは、幸いに残されたたくさんのノートや、その影響を露わに感じさせる『草莽《そうもう》』というガリ版詩集の瑞々しい作品群でも知ることができる。しかし一方では、激しく移り変わる戦局のなかで、同じ時代を生きる高村さんへの信頼は積まれ、その詩文を通してどんなに戦いの中の生と死に思を潜めたかも、「私誌」の文章から読み取ることができよう。桐生に居た加藤からきたはがきには自分の生を「驀《ばく》

直去の大道」と表現してあって心打たれた。若い死を予告された僕らはひとかどの愛国青年だったけれど、詩や歌に関心をもち、わずかに開けた天空から、古典や外国文学までを貪るように吸収した。

その隆明さんと加藤とが再会したのは、昭和十九年十月、二人が揃って東京工業大学に進んだからだった。前年には文化系の学生が学徒出陣の名で戦場に向かい、この年七月にはサイパンが失われ、十一月にはＢ29が東京を襲った。本土への大空襲はこの国を焦土と化し、翌年四月沖縄にアメリカ軍が上陸する頃には、東京の大部分も焼亡していた。生死をかけた、しかし思い定めた日常があった。理工系の学生は各地の工場に動員された。

この頃、隆明さんが加藤に宛てた手紙がある。

「拝啓　いよいよ魚津へ出かけます。あとは宜しくお願ひします。原稿として『雲と花との告別』を提出します。『哀しき人々』といふのは君にあげます。もう僕も二十二歳で、後二年間は要《かなめ》だといふ気がします。化学の勉強と詩の勉強を一心ふらんにやりたいと願ひます。化学は日本の国のために、詩は遺言として。

矢張り愚かですが、俺が頑張らなければ日本の国は危ないと信じます。自分一人のいのちは捨ててもいゝと思ひます。唯現実が自分に悔ひない道を開かしめ給へと念ずるのみです。
さやうなら　元気で頑張ってください。
僕は国史をしっかりと血をもって知り、神ながらの道をほんたうに信じてゐます。
あゝ僕のゆく道に光あらしめ給へ。
加藤君へ　　　　　隆明　」

仲間で作っていた雑誌の後事を託して、心境を述べた隆明さんの懐《おも》いは、隆明さんだけのものではない。

同じ時期に物理学校を卒業した僕は、志願した海軍の技術科士官として南四国（宇和島）にいた。一緒に死のうと覚悟した十五、六歳の少年たち、飛行機に乗ったこともない飛行予科練習生と、海岸に近いひのき林の狭い谷で、幾つもの洞窟を掘っていた。戦争が終ったのを知ったのは、終戦の日から何日もたってからだった。谷間の暗い夜々に、一面に朽ち積もった木の実が青い燐光を上げて燃えるのを眺めながら、この子らのために生きてもう一度間違えない道を見付けよう、と思い詰めたことを覚えている。

学び直すことから始めるほか無いと心に決めて、工業大学に入ったのは昭和二十四年の春だったがそこには二年次後半の隆明さんや加藤がいた。僕の前に立ち現れた隆明さんは落ちついた長者の風貌を待った思想詩人だった。

いま机の上にすっかり変色した、表紙ともザラ紙十八頁のガリ版詩誌『時禱《じとう》』がある。奥付に「昭和二十一年十一月二十日代謄写頒布」と刷られたこの薄い創刊号を、僕は大学の広い石の階段で貰った。もしかしたら買ったのかもしれない。荒井文雄氏と二人雑誌のその表紙裏には二重の罫に囲まれて、昭和二年に刊行された高村さんの評伝『ロダン』の一節が書きつけてある。

「自己の捲き起した新時代を彼は人類に手渡す。大戦以後又新しい歴史が始まる。彼の手渡す芸術上の真は姿をかへていつか極東に再生するだらう。極東は芸術的肥沃の地である。世界の芸術を健康に導く者が何処から出るか。其は天が知つてゐる。」

そして隆明さんは「創刊の辞」として新たな出発の決意を、こんな風に記した。

「僕たちは貧しく異端の道に旅立たうとする　遠いかなたからの忍耐は新しい他の忍耐におきかへられるだらう　如何にして詩を創るかといふことは僕たちの与りしらぬことだ　僕たちは若くそして祈りは天にとどけられなくてはならない　或時は早く

そして或時は遅く僕たちは各々の道をゆかなくてはならない　且て苦悩は僕達の影に
常在した　もう曠野にあっても人の作処にあっても畏れないだらう　僕たちの『時禱』
は高い批判精神と未熟なる技法との断層のため悲劇的な路を歩むことを悔ひはしない
　いまはもう確信する日本近代詩の未来の方向にひたすらな歩を踏み出すのみである
創刊にあたり僕たちの苦しかった遍歴の歳月をかへりみて祝ふや切なるものがある
　誌名『時禱』はライナ・マリア・リルケの〔Das Stunden Buch〕
になぞられた」

　ここには隆明さんたちの、既成のすべての価値が転倒された世界へ立ち向かう、決意と自負とがある。頁を繰っていると、隆明さんの「試作における事象の取扱いについて」という詩群のなかでも、「餓莩《がひょう》地帯」と弟橘比売の神話による「挽歌―喪はれたるわがギリシャのために―」を読んだときめきが、たちまちまざまざと蘇ってくる。

　隆明さんの演出で加藤たちが役者だった、太宰治の戯曲「春の枯葉」の上演を暗い講堂でみたのは、隆明さんたちの卒業の年だったろうか。太宰は新しい時代の輝かしい旗頭のように見えた。なんだかもたもたしているように思ったその芝居を、後で隆明さんは、役者が言う事を聞かなくて、とこぼしていたが、どんな事でも出来るような気がしている時代だった。太宰を訪ねて、興奮した話も聞いた。

その頃から高村さんの話も共通の話題だった。隆明さんの化工の頃からの親友吉本邦芳がやっていた神楽坂上の小さな古本屋に連れて行かれたことがあったが、それは高村さんの『猛獣篇』という独立した詩集の存在について確かめるためだった。結局それは幻の詩集に終わったのだったけれど。いま岩手の山林に住むという高村さんはなにを考えて居るのだろう。敗戦直後に巻き起こった戦犯論は高村さんを第一級と名指し、昭和二十二年七月、高村さんは二十篇の詩群『暗愚小伝』を発表したけれど、それは必ずしも僕らを納得させなかった。

昭和二十一年十月に天明社から出た吉田精一の『日本近代詩鑑賞大正篇』は光太郎の『道程』や『道程』以後に属する詩の鑑賞を含み、僕たち戦中の世代の多くは、ここで初めて詩「根付の国」や「冬が来た」に触れた。そしてもっと光太郎の仕事を知りたいと思った。

戦時の臨時措置のまま九月に卒業していった隆明さんと再び出会ったのは、昭和二十四年四月、同時に大学の特別研究生として籍を置いたからだ。これも戦時研究制度の最後の生き残りで、生活費をくれながら、勝手な研究をさせてくれた。その間に隆明さんが通っていた戦後の数年間がどんなに大事なものだったかは想像できる。戦争で終わったと考えた生涯をもう一度生き始めること。たまに会えば僕たちは飽きず光太郎について話し合った。構内にある荒れはてた池のほとりで、物置のような研究室で、帰りの電車の中で。多分話し合ったというのは少し違う、他愛のないことを僕が問い掛け、あの大きな隆明さんが、思いがけない、優しい丁寧な物言いで、じゅんじゅんと絵解きしてくれる。時には興奮して、「高村さんの詩を古いっていう奴がいるけれど、それは違うんだ。あの方法は新しいんだ。」などと話し始めると、僕は黙って聞くばかり。

昭和二十六年の春に隆明さんは研究生生活をやめたけれど、高村さんへの関心は益々強く深くなっていったのだろう。隆明さんは別のところでこんなことを書いている。

「わたしのかんがえる男性の本質は、ファーザーシップ（父性）ということである。たくさんの困難を呑みこんで黙って耐えている孤独な鋼のような心の匂いをもった父親の像である。その魂の匂いのようなものである。そして、ときとして手きびしい批判を愚劣な子供にくわえる姿である。」（「鮎川信夫論」）

それは戦いのさなかに僕たちが感じた、高村さんの姿だった。賢治は僕たちを広く温かく遙かな世界に導いたけれど、あの生死をかけた戦いのときに、一緒に生きて、喜び悲しみ、父のように僕たちを支えてくれたのは高村さんだった。かつて高村さんが渾身の力を込めてその父に立ち向かったように、高村さんは僕たちにとって何時かそれぞれの形で格闘してみなければならない何かだった。

中華人民共和国が成立し、朝鮮内戦が起こり、講和条約が締結され、時代は激しく動いていた。戦犯論議は影を潜め、昭和二十四、五年頃には、高村さんに親しかった人々の中からも、またやや距離を保った者の中でも、高村さんについての資料整備や、その生涯の意味の追及が改めて意識され始めてくる。その一人伊藤信吉は岩手に住む高村さんにあてて、「私どもは、ほとんど一日として『高村光太郎』という名を口にしない日はないのです。これは誇張ではなく、私ひとりにとっても、また私の多くの知人にとっても、『高村光太郎』は常に語られている人なのです。」と書き、「愛と尊敬と共感、それに自分自身に対する自省」、そう言ったことに由来する批判の気持ちを述べ、「期待の人」に対して語りかけずにいられない衝動を、青年のようにぶつけているし、のちに中央公論社から出る『高村光太郎選集』六巻の糸口になった、草野心平の資料発掘の努力も書き留めておかなければならない。

その『選集』は昭和二十六年九月「Ⅲ芸術論」が刊行されて巻を重ね、二十八年一月「Ⅵ随筆」で完了したが、草野が中心となって編んだこの『選集』には、当時としては集められる限りの作品を収めて、僕らを刺激した。草野が編んだ三頁ほどの初めての「光太郎年譜」が角川書店版の『昭和文学全集』に載ったのも、昭和二十八年十月のことだったが、それは僕を満足させなかった。前年十月、十和田の裸婦像を作るため上京して、東京中野の中西氏アトリエにいた高村さんを僕は勝手に訪ねて、様々な質問で悩ませていた。その頃長い少しつらい恋愛が続いていた僕は、高村さんに沢山の聞きたいこと、聞いてほしいことがあった。高村さんはどんな話も聞き、面倒な問いにも答えてくれた。

隆明さんが印刷された最初の詩集『固有時との対話』を作ったのは同じ頃だが、その詩集と一緒に届いた便りにはこんな一節があった。

「こんなものが出来あがりましたから御送り致します　僕の還らない青春の歌はこんな形でしか表現されてゐませんでした、今後詩を書いてもそれは僕の内的な意味付けからは、芸のない三十男の詩に相違ありません、お願ひがあるのですが、もし貴方が河出の現代詩大系と日夏耿之介の、『明治大正詩史』をお持ちでしたら、若干の期間貸して頂けないでせうか、お願ひ申し上げます

いろいろ積る話もおききしたいですが、何日かお会ひした折にいたします」

すでに隆明さんは高村さんの意味を広くこの国の歴史の中で探り、詩史そのものの再検討にまで手を染めようとしていたように見える。東洋インキ青砥工場就職と労働運動への関与、その挫折。この前後は隆明さんにとってどんな時間だったのだろう。昭和二十八年八月二十一目付の手紙には「何とも彼とも、追つたてられるやうな心理状態で毎日送つてゐます　俺はいつたいどうなるかな　などとよく考へます　ではまた何れ」と書かれる。

草野の年譜を下敷きにして、ガリ版『高村光太郎年譜』を僕が作ったのは昭和二十九年夏のことで、五十部程印刷した五十頁ほどの私家版――というのも面映ゆい――年譜は、勝手に思い付くままに、利用してもらえそうな人に送られていった。隆明さんの返事は折り返すように、八月二十日に届いている。とても気恥ずかしいけれど、その時の喜びといっしょに、隆明さんの『高村光太郎』前史の一節として、写しとっておこう。

「高村光太郎年譜いただき、早速むさぼるように読みました。驚嘆すべき労作で、こころの底から敬意を表したいと存じます。下らない詩や詩論がマス・コミの波にのつて氾濫するとき、貴方のこの研究は、それらすべてを圧して、長くその価値をとどめることを確信いたします、いづれ、あらためて北川さんのこの仕事に触れさせていただきます、お会い出来るまでお元気で」

詩人としての隆明さんは周囲の人から注目されていても、まだ一般には無名の存在だったろう。しかし隆明さんが今も高村さんに強い関心を持ち、いつか正面から取り組もうという気概が手にとるように感じられて嬉しかったし、僕の仕事にとってどんなに強い支えになったか分からない。草野心平が書き下ろすという光太郎研究のための年譜を委嘱されたことも手伝って、僕の仕事は加速された。

僕はもう一度上野の旧帝国図書館の雑誌や新聞に目をつけて、片端から旧い高村さんの仕事を探し始めた。冬はなかなか寒かった。何時の頃からだったか、そこで思いがけず隆明さんに再会し、久し振りに会った二人が、まるで同じ仕事をしているのに驚いたのだ。一日おきぐらいに顔を合わせる隆明さんは、相変わらず見かけは静かで優しかったが、心の中にはどんな思いがたぎっていたのだろう。おそらく「わたしは当時、回復する当てのない失職と、ややおくれてやってきた難しい三角関係とで、ほとんど進退きわまっていた。」（「鮎川信夫論」）と後に書くそんな時代の中で、そんな時代だからかえって、この対象に、渾身の力を傾けてぶつかろうとしていたのだろう。

お互いに競争のようにせっせと調べて、見付けたものは知らせあった。もちろん僕のほうは、極楽蜻蛉のように高村さんの詩や文章をただ見付けて控えるだけだったが、隆明さんは広い視野の中で周辺資料も鋭くあさり、戦時中の壷井繁治の詩も、岡本潤の詩もノートに写しとられたのだったろう。川上春雄が記録する隆明さんの「高村光太郎文献」の大学ノートを、僕もみた。時に上野広小路の喫茶店で、なんでもないただのミルクを飲みながら、隆明さんの話を聞いた。隆明さんは、小田切秀雄などの前衛的な力が、本当に自分たちの戦争責任を自分たちのものとして追及せず、人に転嫁してなし崩しに解消してしまうことで今日の状況を作り出したことを、激しい調子で話してくれたりした。小田切秀雄は昭和十六年十月、『道程』前期に高い評価を与えた先駆的な光太郎論「近代日本文学の古典期」を書いたが、また戦争犯罪者として高村さんを指弾した主たる評論家でもあった。

隆明さんは高村さんを考えることで自分自身を確認するため、そのすべての青春の思いを込めて、高村さんに立ち向かったのだと思う。

隆明さんの中に久しく充電されてきたものは、いま不可避の対象を捕えて見事に開化する。隆明さんのいちずな生の試みにかさなるしなやかな詩人の心、恐らく自然科学者としての長い習練から来る厳密な資料の扱いと、隙間のない論理の組み立て、物事の本質を見分ける鋭い洞察。隆明さんは物事をその現れで見ず、その発端、その形成の過程で捕える。

高村さんは人の問いに答えて「僕の詩が造型的だというのは、僕の世界観が造型的だということで、表面的な題材や手法のことではない。」といったが、その造型家としての思考方法の本質は、隆明さんと似ている。

隆明さんの最初の「光太郎ノート―『のつぽの奴は黙つてゐる』について―」は、昭和三十年四月『荒地詩集』１９５５年版に、続いて「戦争期について」が『現代詩』七月号に発表された。僕は興奮してそれを高村さんに見せ、そして立て続けに幾つもの質問をしたのを覚えている。

最初のものはいま幾らかの改訂を経て「詩の注解」としてこの本に収められている部分で、隆明さんは前年荒地詩人賞を受け、同人に名を連ねていた。

隆明さんはこの詩を、変動する時代の屈曲の中で外力にきしむ、破綻にひんしたこの生活者の内部世界を、かつての父子コンプレックスを再確認することによって提出したものと捕え、その文章を「上向する庶民的意識は戦争詩の方向を指し、下向する庶民的意識と離群的意識とは、破滅的な地点で葛藤する、こういう岐路に立って、『のつぽの奴は黙つてゐ』たのである。高村が何れの方向にむかうかは、民衆の前衛と、民衆の運命と、その方向にかかっていた。」と結んでいる。（初出。最初の飯塚書店版『高村光太郎』では最後のところは「高村が、どの方向をたどるかは、民衆と、民衆の前衛と、日本資本主義との運命とその方向にかかっていた。」と改められ、春秋社の本ではさらに大きく改訂されている。）

隆明さんのなかにも骨がらみの問題として存在する庶民意識を一方に見据えながら、高村さんの、あんなにも僕らを支えた戦争期に対する、そしてそれは僕ら自身の生き方に対する仮借無い解析を始めようとしていることが、痛いほど感じられた。だから続いて「高村光太郎ノート―戦争期について―」が書かれたのは、必然の過程であった。この文章に現れた高村さんへの愛惜と痛恨とは、自らの青春への愛惜と痛恨と重ねられて心を打つ。しかしいま「戦争期」としてここにおさめられている文章は、さらに大きな戦後の病弊を抉って、新しい戦争犯罪論を引き起こした。例えば人はこんな文章を読む。

「これらの［村野四郎や壷井繁治や岡本潤や］現代詩人たちが、自分の傷あとを、汚辱を凝視し、そこから脱出しようとする内部の闘いによって詩意識をふかめる道をえらばず、あるいは他の戦争責任を追及することで自己の挫折をいんぺいし、あるいは一時の出来ごころのようにけろりとして、ふたたび手なれた職人的技法とオプティミズムをはんらんさせたとき、かれらは、自ら日本近代詩の汚辱の歴史をそそぐべき役割を放棄したのである。」

これらの文章が引き起こした轟々たる反響は、詩壇の枠を越えて隆明さんをひろい論争の場に引き出し、時の人とした。

同じ年十一月の『詩学』に書いた「前世代の詩人たち――壷井・岡本の評価について――」はその発端。そこでも壷井の「光太郎論」、「今度の戦争を通じて自分の果たした反動的な役割に対して、いささかの自己批判も試みようとはしない。彼の詩人として受けた自己の悲劇と誤謬をなほ悟らず、相変らずの詩を発表しているが、それらの詩には最早詩人としての高村光太郎の代りに、一人の反動的な俗物に成り下がった高村光太郎以外の何者をも見出すことが出来ぬ。」に対して、「『盗賊の手口』とは、こういう批評をさしていうのだが、もちろんここで、自己批判しなかったのは高村ではなく（高村はその後『暗愚小伝』を書いた）壷井であり、（壷井は抵抗詩人づらをやり通した）『自己の悲劇と誤謬』を悟らず、相変わらずの詩をかいたのは壷井であるというところに、民主主義的悲劇の典型があった。」と書く隆明さんがいる。

昭和三十一年四月、高村さんはその七十三年の生涯を終り、翌年三月から『全集』が出始めた。隆明さんが「高村光太郎ノート」を補完し、全体像を書き上げて飯塚書店から評伝『高村光太郎』を刊行したのは、昭和三十二年七月のことだった。そしてそれはこの国で高村光太郎について書かれた、最初の単行本になった。四六判・上製・丸背・カバー付・二三九頁・定価二八〇円。次のような構成を持つ。

Ⅰ　幸徳事件前後
Ⅱ　「道程」の方法
Ⅲ　智恵子抄
Ⅳ　「のつぽの奴は黙つてゐる」
Ⅴ　戦争期
Ⅵ　敗戦期の問題
Ⅶ　「出さずにしまつた手紙の一束」のこと
　年譜　あとがき

例えば「敗戦期の問題」で隆明さんは赤裸々にその時期の「わたし」を語った。詩「琉球決戦」に触れて「わたしは、高村が敗戦と運命をともにするつもりだな、とかんがえ当時この詩にかなり感動した」と書くとき、それは自らの思いでもあった筈だし、敗戦期におとずれた異和感をめぐって「傾倒した一人の詩人に、ある時期から異和感をもった、などということはたいして意味があろうはずがない。問題は、やはり思想や芸術の機能が、人間の生き死にかかわりをもっているところにだけある。もちろん私は、高村光太郎の生涯にわたる思想と芸術とを、そういうものとして理解してきたし、いまもそうかんがえている。」と吐露した思いは、この評伝が書かれなければならなかった必然を説き明かした。この辺りを読むと同じ時代を生きた僕の胸は、いつも熱くおののく。

この本の「後書き」に、隆明さんは淡々と記している。

「数年来、かきためてきた高村光太郎に関するノートに手を加えて、この本を編んだ。時代は、明治末年から敗戦にまでわたっていて、一応高村光太郎の生涯の重要な時期は概観できるようになっている。しかし、わたしが高村についてかくべきことは、最初から定っていて、ただ、何遍もくりかえしてそれを追及したにすぎない。資料を探しながらの仕事で、新しい資料がみつかるたびに、幾分かづつ観点がかわってきたが、本質的には少しも変わらないのは、以上のような理由によるものである。わたしは、こういう遣《や》り方が批評の作法にかなっているかどうかはしらないが、わたしの精神上の問題にはかなっていた。それが、幾らかでも感知されるものであれば、もはや言うべきことはない。」

この書が一年余り後に、徹底した加筆訂正を加えて再生した直接の理由を、僕は知らない。昭和三十三年十月、五月書房の「現代作家論全集6」として出た『高村光太郎』は

「道程」前期　「道程」論　「智恵子抄」論
詩の注解　戦争期　敗戦期　戦後期
年譜　参考文献目録

の構成をもち、以後の諸版に引き継がれた。例えば先に引いた「敗戦期の問題」の一節は、こんな風に書き改められる。

「少年のころ傾倒した一人の詩人に、ある時期から異和感をもった、などということとはたいして意味があろうはずがない。問題は、やはり思想や芸術の機能が、人間の生死にかかわりをもっているところにだけあり、すくなくとも敗戦期には、わたしにとって思想や芸術は生きたり死んだりの問題であった。高村光太郎の思想と芸術とを

検討しようとするとき、彼の生涯が一貫して思想と芸術とを生死の問題においてとらえた近代古典主義の最後の詩人であることを理解するのである。」

文体はさらに冷徹に、論旨はいっそう精緻に高村さんの全体像を刻むけれど、隆明さんのむかしの読者にとっては、無いものねだりと分かっていても、古い文章も正直恋しい。昭和四十一年二月に春秋社から出た『決定版』には「小論集」として「『出さずにしまつた手紙の一束』のこと」「詩のなかの女」「高村光太郎鑑賞」「高村光太郎の世界」「高村光太郎私誌」が加えられ、昭和四十五年八月の『増補決定版』で今の形になった。五月書房版と『決定版』の間に、六十年安保闘争、『試行』創刊などを含む激動と醇熟の七年余があり、『増補決定版』に補われた諸篇は「情況論」や「共同幻想論」の展開と時を同じくして書かれた。

書き続ければきりもないけれど、もうこの見事な仕事の解説はここで止めても同じ事だ。高村さんの年譜を作り出した初め、僕は資料一切を集めることで、高村さんの人間像を浮かび上がらせることはできないだろうか、と本気で考えていた事がある。自分を信じていなかったから。しかしそれが間違っていることを、高村さんの「僕は夢中で仕事をしたり、考えたりしているときは、日記も付けないし手紙も書かないから」という言葉に教えられた。評論がその必然的な空白を埋めて、一人の人間像を創造する作業は、資料の収集、選択も含めて、対象に肉薄する制作者の人間理解の絶対値に過不足なく見合う。隆明さんの『高村光太郎』が見事なのは、そこに一時期の隆明さんの見事な命の営みが余さず投影しているからだ。戦後の光太郎論の方向を定めたと言っていい、隆明さんの本にくらべられる「光太郎論」はまだない。この文芸文庫が沢山の新しい読者を得て、新しい幾つもの「光太郎論」を呼び覚ませばいいと、ひそかに思う。

（一九九〇・一一・九）

講談社文芸文庫版・吉本隆明『高村光太郎』解説。その初稿を基に翌年末『光太郎凝視』として日本古書通信社・樽見博の編集で「こつう豆本」の一冊として出版された。

究極の願望

吉本隆明

もう十数年になるか。鎌倉の近代美術館で高村光太郎の美術作品が一堂に集められたことがある。その折に彫刻作品の質量の膨大な力量に圧倒されて、この人は造形美術では眼高手低の嘆きに生涯を終始したという漠然とした認識を一挙にくつがえされたことがある。やはり高村光太郎は美術家、とりわけ造形美術家であることを腹の底から合点した。

造形美術を抜きにしては高村光太郎は語れない。そうだとすれば、高村光太郎の著作を編むときに、美術作品を編み入れることは、わたしにとって究極の願望であった。いま、その願望がわが国で始めて叶えられようとしている。全身の重たい荷から、やっと解放される思いである。

造型世界への探針

北川太一

造型が高村光太郎の脊椎を形成することは、出生から見ても、閲歴によっても明らかな事実である。それにもかかわらず、その造型世界を探ることは、複製を拒否する造型そのものの性格からも、また不幸な出来事の重複による作品の数少なさからも、必ずしも容易でない。選集別巻は、光太郎の全存在を支えて確然たる美を創造し、いまも豊かな可能性を内包するその造型世界への強固な探針を提供する。

写真家高村規氏の協力を得、彫塑、絵画から装幀、題字に至るまで、光太郎が意図した造型のあらゆる分野の、現存する作品はもとより、すでに失われたものの写真をもくまなく蒐め、さらに作者自身や同時代者の証言を併せ編んだこの書は、高村光太郎の造型作品全集である。

高村光太郎選集　全六巻　別巻一（春秋社）

第一巻（明治三〇～四五年）三八〇頁　一〇〇〇円
日記　彫塑雑記
詩　『道程』以前四篇　『道程』前半二七篇
書簡　出さずにしまつた手紙の一束
評論　緑色の太陽　死んだ荻原守衛君

第二巻（大正元～一二年）　四三〇頁　一二〇〇円
詩　『道程』後半三六篇　『道程』以後二三篇
評論　印象主義の思想と芸術　言ひたい事を言ふ
翻訳　ロダンの言葉　続ロダンの言葉（抄）
随筆　彫刻家ガツトソン　ボーグラム氏

第三巻（大正一二～昭和八年）四三〇頁　一五〇〇円

評論　美の立場から　触覚の世界　等九篇
随筆　短歌・工房よりⅡ・Ⅲ・Ⅳ　等一七篇
詩　「猛獣篇」Ⅰと「智恵子抄」前半（八三篇））
評伝　オオギュスト・ロダン　ホヰツトマンの事

第四巻（昭和八〜一六年）　四〇八頁　一五〇〇円
書簡　中原綾子への書簡
詩　「智恵子抄」から「猛獣篇」Ⅱ「秋風辞」他
評論　画に於ける詩精神　書について　等二一篇
随筆　智恵子の半生　姉のことなど　等四〇篇

第五巻（昭和一六年一二月〜二〇年八月）　一五〇〇円
詩　「大いなる日に」「記録」「をぢさんの詩」
評論　戦時下の芸術家　美の日本的源泉　等
随筆　十二月八日の記　あの頃　回想録　等二四篇
対談　東亜新文化と美術の問題（川路柳虹氏と）

第六巻（昭和二〇年～三一年）四二四頁　一五〇〇円
詩　「暗愚小伝」『典型』前後　智恵子抄その後
評論　第四次元の願望　日本詩歌の特質　等七篇
随筆　みちのく便り　山の雪　アトリエにて　等
附　北川太一編・高村光太郎年譜

対談　高村光太郎と現代

『選集』全六巻の刊行にあたって

吉本隆明
北川太一

光太郎読者の変化について

吉本　この『選集』の初版が出てからほぼ十五年がたちますが、その間、ぼくは自分のことに夢中で、まったく停滞していて、今度の『選集』はもっぱら北川さんに依存してしまいました。高村光太郎の研究の進展は北川さんに聞けばわかるのでしょうけれども、読者の受け入れる層の変化は、この十五年の間にありますでしょうか。

北川　あるとおもいますね。たとえば、角川版の「鑑賞日本現代文学」には高村さんが入っていない。それはおかしいと言っている人もいますが。

吉本　そうですか。詩歌のほうでは誰が入っていますか。

北川　朔太郎は入っていますね。それには、たくさんの読者という意味で、売れないと困るかもしれないということもあるんでしょうが。

吉本　ぼくが一般的な読者に感ずることは、どう生きるかみたいなことが、詩なら詩、文学なら文学の表現にとって第一義的なものだと受けとる若い読者が、なくなったわけではないでしょうが、なんかちがったような気がするんですけれどね。

北川　感性で受けとるほうがわりあいたやすくて、高村さんの詩はそうではなくて、自分が生きていることにたいする全責任があるような詩です。生きるということについての考え方がちょっとちがってきているということはたしかですね。

　ぼくらの世代は、とにかく何やってもいいから、一所懸命やれというのが口癖で、そうすると、なぜ一所懸命やらなくちゃいけないのかという質問が返ってくる。ある意味では答えられないですね。たとえば、一所懸命って言ったって、命が燃えているという意味では、竹の子族だって一所懸命なんだし。でもたしかに高村さん的な物の考え方のほうが、骨が折れるとおもう。そういう部分が少なくなってきたということは言えそうですね。

吉本　それは高村さんをどう評価するかというばあいに、十五年前とは多少ちがってきた、それはマイナスのほうにちがってきたのかなということもあるかもしれないけれども、新しい読み方みたいなものが出てきてないでしょうか。

北川　売れるか売れないかということと、評価の問題とは、もしかすると別のことなのかもしれないという感じがします。つまりマスコミの中の何とか全集に入るか入らないかということと、高村さんがどういう意味をもっているかという評価の問題とはちがう。『智恵子抄』の読者は相変わらず多い。ですから、入口の部分までくる人はとても多いとおもいます。ぼくの編んだ旺文社の文庫は何十版と版を重ねていて、短大のテキストに使われているそうです。そこまではわりあいに読者は多いとおもいますが、そこから先になると、ほんとうは読んでいないんだろうなという気がする。評価というところまではいかない。だから高村さんというと『智恵子抄』の詩人というところで止まっていて、啄木もそうですね。啄木とか高村さんは、中学校ぐらいでもう卒業してしまったという雰囲気があるんじゃないでしょうか。

『選集』の編集意図

北川　この『選集』のことに入りますけれど、初め吉本さんとやろうというときに、全集があった上で選集があることにはたして意味があるのか、つまり全集が小さくなったようなものではつまらない。そこで、高村さんは全体として見ないとわからない部分があるんだから、編年体というか、いろんな作品を横に並べて、その時代時代で高村光太郎という、一人の生活者といったらいいんでしょうか、一口では言えませんが、そういうものを捉まえていけないだろうか、ということがあったわけですね。それと全集があるんだけれど、全集からいきなり入るまえに、むしろ若い人たち、これから読む人に読んでほしいという気持があったとおもうんです。六冊というのはやや手ごろな大きさで、『全集』は十八冊もあるし、詩は詩、散文は散文、評論は評論と分かれている。これは普通の全集の作り方ですね。この『選集』のばあいは、編年体だけれども、ジャンル別のいいところものこしてあるわけで、一巻の中でも、ある部分はまとまっているし、ある部分は年代順に並んでいる。両方の長所を合わせたちょっと類がない編年体の選集ができたわけです。

それに別巻の『造型』。これは高村さんの彫刻、絵画、装幀、題字まで集めて、選集というよりむしろ全集といってもいい作品集になったので、これなんかも、今までにない試みだった。

初版は、昭和四十一年の終りから四十五年までかかったんですが、このすぐ後で、岩波の『鷗外全集』が編年体で出しはじめた。それまではジャンル別でした。今度の『内村全集』も編年体です。上手に編年体をやらないとかえってごちゃごちゃしてしまいますが、その点では、この『選集』は今でもこういう編み方で意味があるなという気がしました。これはあってもいいんじゃないか、こういうものから、『智恵子抄』の次に読んでみたい読者が入ってゆくのは無意味ではなかろうという感じがしたわけです。それで再版しようということになったんだとおもいます。

吉本　ぼくは、光太郎のこの『選集』はとてもいい編集のやり方だと考えてきました。でも読者のほうからすると、どうなんでしょう、あんまりとっつきがよくないんでしょうかね。『道程』なら『道程』、『智恵子抄』なら『智恵子抄』という単位で編まれたほうが読者のほうはとっつきがいいのかもしれませんね。

北川　読みやすいとはおもいますね。ただ、そういう選集が何冊あっても、結局、全体がつながらないいんじゃないかなという感じがします。

今度の第一巻ですが、ずいぶん立派に、そのわりには安いですが、前の『選集』と比べてもらうとわかるけれど、とにかく造本もよくなったし、大事に並べておいてもいいし、それより壊れるまで読んでほしいと思います。

それでさっきの話に戻って言うと、この第一巻には、「緑色の太陽」が入っていますが、ぼくはこれは高村さんを解く一つのマスターキイになるものだと考えています。明治四十三年四月の『スバル』に載ったものです。はじめに芸術家の絶対の自由をおれは欲しいんだという宣言があって、今までみんなは、太陽は赤いと思っていたけど、緑色の太陽があったっていいんだ、つまり太陽を緑色と感じようと感じまいと、感じる人間の勝手なんで、どこまで緑色と見た太陽にくいついて表現しているかが問題なんだということを言って、そのすぐ後で、自分で見たまま感じたまま思ったままを、ともかくかまわずにやればいいんだという言い方をしている。ところが、その翌月に大逆事件が起こる。なんかかんぐっちゃうけれど、太陽と帝王がすぐ連想としてつながっちゃうわけです。今まで赤いと思っていたものが緑と見えたっていいじゃないかというのは、なんか先取りしちゃっているところがある。その中にはもう一つ、おれはどう曲がったって日本人だみたいなことが出てくる。これは絶対まちがっていないんで、なぜかというとおれの頭で考えたことだからという、一見すごく乱暴な言い方が出てくる。だけど、高村さんは、彫刻にしても、こういう物の考え方にしろ、土方定一流にいうと、いつも初めの人のようなところがある。人の歩いた道を従《っ》いていくんじゃなくて自分で歩くよりしようがないから、だからこれは無責任に言っているわけじゃなくて、全部の責任を自分にかぶった言い方のような気がしますね。そういうものが一巻に入っている。

　その同じ巻に、詩のほうでは「根付の国」が入ってくる。詩の世界では詩にうたわなければならない詩情みたいなものがあって、こういう言葉を使わなければいけないという詩語みたいなものがある、そんなしきたりをこの詩では全部無視している。どの一つをとっても日常語だし、江戸時代から伝わっている罵倒語の連続といってもいい。やっぱり思ったまま感じたままをかまわずやるばかりというのを実践している。

そういうものが一つの巻の中に同居してあってお互いに響き合っているところが、さっきの人間の生き方を考えることともつながるとおもう。やっぱり同じつながりの中で見てほしいという気持があるわけです。たしかに入口としては少しむずかしくなるかもしれないけれども、そのむずかしさは避けないで通ってほしい。

吉本　当然そうですね。北川さんも書いていたように、選集は選集なんだけれども、ぼくも交響する立体性みたいなものはこの『選集』のほうがあるとおもってきました。

光太郎研究のむずかしさ

吉本　十五年たって、こういういい本で、現在ではかなり安い価で出たわけだし、その間の北川さんの研究と調査の成果が当然この中に投入されているわけですけれども、研究史的には、大学の国文科での研究対象の関心も含めて、十五年の間の経緯はどうなんでしょう。

北川　よくわかりませんけれど、関心は深くなっているけれども、そんなに幅がどんどんひろがっている、たとえば中原中也研究のようなひろがり方はしていないのじゃないでしょうか。

吉本 そうでしょうか。

北川 関心のある人は概して多いが、それでいて猫も杓子もという感じではない。むしろ智恵子さんへの関心のほうがわりあい耳に入ります。郷里での資料発掘や、智恵子さんについての研究書、それから啓蒙書みたいなものも出ていますし、出やすいということもあるかもしれない。つまり書いたものも少ないし、まとまりやすい。

結局、高村さんという人は、とてもやさしそうで、研究対象としてはかなりむずかしい人ではないかという気がします。高村さんの書誌を調べていて、書いている雑誌の幅ひろさとか、吉本さんも書いておられるように、事柄の関心のひろさとか、そういうものが全部総合されてくるから、これはたいへんな感じがします。いま書きつがれている幾人かの人のものも含めて、本格的な研究書が出てくるのは、これからかもしれませんね。

もしかすると、もう少しやさしい高村さんの啓蒙書が出てもいいような感じもします。若い人たちにむいたような、総合的なものがあってもいいような気がします。朔太郎なんかへの関心と高村さんなんかへの関心と、ちょっと質がちがうんじゃないでしょうか。

吉本 なるほど。北川さんもそうだし、ぼくらの年代の人たちは、高村光太郎にわりあいに必死だったでしょ。この人のものを読むことは、自分たちの一部分であるような、生き方の一部分であるみたいな、そういう読み方が、むこうがそうなんだからこっちも必然的にそうならざるをえなかった。また、こちらの欲求がちゃんと対象として出てくるわけだから、いきおいそうなる。しかし、朔太郎を読むのに、別にこっちの生き方まで変えねばならんということはないわけでしょう(笑)。そういう問題が最後には出てきますね。その問題なような気がします。

北川　結局、ぼくらの世代は、戦争中にいろんなものを読めなかった世代で、たとえば宮沢賢治というと、松田甚次郎の名作選、あれは独特な編み方で、とても記憶に残っていますし、高村さんの『道程』改訂版とか『智恵子抄』とか戦争にまつわるいろんな詩、そういうものを読んで、そうか、おれもそういう論理で死んでもいいのかなどと、そういったことをやっぱり本気で考えた世代でしょう。

戦争に敗けて帰ってきても、ふたりでよくあの大学の池のほとりでおしゃべりしたことをおぼえています。高村さんに手紙を出したら返事をくれるだろうかとか、吉本さんが、高村さんの詩はあれは古いというけど、あの詩の作り方は新しいんだということを一所懸命話してくれたり、そういう時代があったわけですね。だから高村さんがそのとき何を考えているかとても関心があったし、高村さんほど人間を大事にした人があんなふうに戦争に入っていっちゃう。もう一回高村さんを読まなければどうしようもないなという気持から、それで押しかけて行ったり、年譜つくったり調べたりした。あの頃ですね、上野の図書館でさかんに雑誌を借り出して、こんなの見つけたよなんて言ってたの。あの頃は仕事なかったときでしょう（笑）。

吉本　そうですね。

北川　こっちは、大学の特研生かなんかで、勉強はなんにもしないで、図書館に行ってたりとか、そういうことがあったですね。そういう人間が高村さんを読むのと、今の若い人たちが読むのとはちがうことはたしかだけど、ぼくは高村さんの問題は何一つ片づいていないとおもいます。

たとえば、若い頃から言うと、単純にヨーロッパの美の伝統の中にのめり込んでそれを受けついだのとはちがうとおもう。いつもおれは日本人だということを潜在的には意識していて、それで飛鳥、天平が出てきて、あのよく知られている彫刻「手」にしても明らかに観音さまの手だし、「裸婦坐像」なんかでも、マイヨールみたいだというけど、ぼくなんか法隆寺の五重の塔の塑像をすぐ連想しちゃう。日本の美がどういうふうにして世界の美の中に入っていけるか、ヨーロッパでの技法を使ったって、日本人が作ったもんだから日本の美だというのは、さっきの「緑色の太陽」の論理ですね。それでどんな美が可能かということを一所懸命おっかけた人だけど、高村さんの彫刻の後継ぎはいるのかなというと、あんまりいない。

また、智恵子さんとの愛の問題だって片づいていないわけです。たいへんな二人ペアでの生き方だとおもうけれど。でも結果において気が狂うとか、それは生理の問題とかいろいろあるだろうけれど、だけど狂わないとしても、同じような問題があるわけです。戦争の問題ももちろんそうだし、晩年の問題なんてすごくむずかしい。

吉本　むずかしいですね。

北川　無機の世界とか涅槃とか言ってみたり、十和田湖畔の裸像だって、吉本さんが言ったんだとおもうけれど、ヨーロッパの美学の範疇で考えたら、やっぱりはまってこないところがある。日本の観音さまなんて、みんな八等身じゃなくて、ずんぐりですよね。

どの一つをとっても規模の大きな実験をしてくれた人だとおもう。プラスとかマイナスを全部勘定した上でも、まだ片づいていない。その実験データみたいなのは、やっぱりこれからの人が受けついでいかなければいけないんじゃないかという気がします。むずかしい部分もあるにはちがいないけれども、若い人にこの『選集』をぜひ読んでほしい。精神の体操の意味でもアタックしてほしいとおもいます。

吉本　ぼくらは、ある意味で生き方みたいのから受けた影響がなかなか払底できない。そういう読み方は、自分のことは自分なりになんとなくわかるような気がしているんだけれども、しかし、今の若い人には、たぶん文学作品を読んで、そこから自分の生き方を変えるほどの衝撃を受ける、そういう読み方はなくなっちゃったんじゃないかなあとさえ思えるところがあるんです。それじゃあ、そういう人たちが、もし漫画本を読むのと同じように読んだとしたら、つまり朔太郎はどういうふうに読めて光太郎はどういうふうに読めるか、ぼくは知りたいような気がします。だからもし、それと同じ質で、高村光太郎の若い研究者が出てきているとすれば、そういう人たちは、どういうふうに読むのか知りたいような気がするんです。そういう、これはぼくらの読み方と質がちがうんじゃないかみたいなきざしはないですか。

北川　あまり目がとどかないのですが、これはというのがすぐには出てこないですね。それで、こんなことを言うとおこられるかもしれないけれども、わりあいと国文科を出た国文学者の卵とか、そういう人が扱う扱い方はなんかちょっとちがう。ぼくらには、自分の問題をもてあましちゃって、それで高村さんにつっこんでいったということがあるでしょう。わりあいにそうじゃなくて、応用問題を解くみたいなところがあるもんだから、問題意識がちがうとおもうことが時々あります。新しい世代の新しい高村光太郎が出てくるためには、きっともうすこし時間がいるのでしょう。

光太郎の現在性

北川　ぼくはふだん、かなり自分の問題をもっている、つまりかなり人生上のつらい境遇を通ってきた十代の終りから二十代の初めの若い人とつきあっているわけですが、そういう若い人たちが詩を読んで、しかもかなり固い詩を読んで涙をこぼさないかというと、こぼすんですね。結局、読者の中の問題意識とどこで接触するかということなんだとおもいます。わりあいと豊かになっていることと、わりあいと怠け者になった、つまり一所懸命というのが通じなくなった要素もあって、それが若い人一般がそうなのかというと、ある程度一般なんだけど、じゃ、そういうものを感じる気持がないのかというと絶対あるとおもう。たしかに風俗は変わった。だから学校の中で十年前だと廊下にラブレターが落ちていると職員会議で問題になったわけ。今、極端な話、手をつないで歩いていても、笑ってすましちゃえる（笑）。むしろなんかほほえましい感じがしちゃう。でも、ほんとうにいいものにたいして感じる気持はあるし、そういう話をよろこんで聞く若い人たちはいます。ふだん日常ではそういう話はあんまりないけれども、一所懸命、詩を作っている者も多いし、こつこつガリ版で詩集を作っている生徒もいる。だから、たくさんの人に読んでほしいけれど、少しの人に読まれてもいい気持もある（笑）。

吉本　少しの人でも、それはいいんじゃないかと、ぼくもおもいます。読み方自体はそれぞれの問題意識で読むんだから、変わるでしょうが、しかし読まれるということには、一種の普遍性があって、そこで持続的に読まれていくことだったら、それはいいんだし、高村光太郎という対象は、それに耐える人だとおもいます。風俗な面ももちろんありますけれど、風俗でない面が骨格のところで確かでしょう。だからぼくはそういう意味では、関心が衰えることはないとおもうんです。時代がちょっとやそっとでどうなったからといって、衰えることはないとおもうんです。ただ高村光太郎の読者が大ぜいだったという時期はどうなんでしょうか。あったんでしょうか。

北川　高村さんの全体としてでなく、部分では、たとえば『智恵子抄』が売れるというのは、男と女の愛の問題がいろんな人に問題意識として意識されている部分があるからでしょうね。だいたいそういうふうな読まれ方をしていて、たとえば戦争を問題にする人は、戦争のところを問題にする。大正の終りや昭和の初め頃の人間の生き方を問題にする人は、「猛獣篇」が好きですね。それはそれで、いろいろな関心があっていいとおもいますが、ただ『選集』を初めから読んでほしいのは、たとえば高村さんの戦争の問題なんかは、初めから読まないと絶対にわからないという気がするんです。戦争の時期だけ切り離して、戦争詩を書いたから気にいらんという物の言い方をしたってなにもならない。そうするとやっぱり『選集』は手ごろな、そのことを考えるためのトレーニングというか指針を与えてくれるとおもう。だから問題意識があって読んだら、もう一歩深入りして読んでくれる読者がほしいですね。

吉本　高村光太郎というばあいには、風俗でないから、戦争になったから戦争詩を書いたんだということができる人ではないですから、書くばあいには、心から書いているわけだし、骨格から書いているわけだから、やっぱりこれは自己形成から最後までたどってみないと、どうして戦争詩を書いたのかという問題は出てこないし、これが、もし否定の対象となるならば、全部の明治以降の文明を否定しなければならないみたいなところとからみ合っているところがあるでしょう。それはやっぱり、その場かぎりで詩を書いたということとはちがうとおもいますね。そういう意味でしたら北川さんの言うとおりですね。

北川　実験みたいなものだから、こうやればよかった、ああすればよかったということはありうるとおもう。ただ一人の人間は一つの生き方しかできないわけだから、そういう意味で、もし高村さんの生き方にマイナスの部分があれば、新しく生きる人はそこを補っていかなければいけない。それは部分じゃなくて、初めっから、たとえば「緑色の太陽」の中で、おれの考えていることは、おれの頭があるかぎり正しいんだという言い方が、もしかしたら戦争に関係があるのかもしれないし、人が何かを言いきるためには、それなりの準備が必要になります。

戦中の光太郎 ―『智恵子抄』と『記録』のこと ―

北川　昭和六年から十三年まで、智恵子さんの病気がある。それは現実には、ぼくらはそういう近親者を持たないから、わりあいに安直に言っちゃうけれど、持った人の体験を聞くとそれ以外なにも考えられない、そんなもんじゃないですよという。そういう時期が日本のいちばん大きな曲り角で、それで世界史への目くばりが欠けたかもしれないということはありうる。そして戦争とは数学みたいなもんだという考え方を高村さんの頭の中につくりあげていく。もちろん、人間が人間の名においてもっとも人間らしく生きなければいけないという考え方は変わっていない。「涙」という詩について、まえに吉本さんが明治天皇の死と自分たちの愛とを同じ天秤にかけて等価なものと考えていたと言ったことかありましたね。それと同じことが、『智恵子抄』の中の文章にも出てくる。

一人の人間が仕事をするということは、国家への愛のばあいもあれば、大君への愛のばあいもあるけれども、実は一人の女性への底抜けの愛のばあいもあるんだと言う。まったく大君への愛と智恵子への愛とを等価にバランスにかけている。『智恵子抄』は、国策とまったく相反する詩集です。産めよふやせよでもないんだし、ひどくセクシーな「指は独自の生命を得て五体に匍ひまつはり」（「愛の嘆美」）などという表現が出ている。それが戦争に負けちゃうまで、発売禁止にもならずに生きている。ちょっと奇跡だとおもう。詩人の気魄みたいなものが、高村さんに触ったらたいへんだということにさせたのかどうかしらないけれども、なにか不思議なことですね。

それと『記録』という詩集は、もう一回読み直さないといけないんじゃないかなという気が今しています。こんな本が、その時期、いろんなジャンルをひっくるめてあったのかとおもいます。ことにこの前書きの、英外相イーデンは東京に入城するまで戦争はやめないと言っているとか、客観的にいろんなことを書きつけている。高村さんは、詩に前書きがいるとは思わなかったとおもう。にもかかわらず、書いているし、別の詩もあるんだと言っている序文や、『記録』という題名も象徴的です。高村さんは冷静に、戦争に敗けていく様子を記録しようとしたんじゃないか。だから前書きで言っていることと詩とがちがう。詩では一所懸命に鼓舞している。前書きは冷静に歴史の動きをみて書いている。こういうかたちで、しかも昭和十九年の三月の時点で、ぽっと放り出すわけです。ちょっとすごいなという気が今はしている。

吉本　それはぼくも北川さんの感じたこととほとんど同じことだとおもいます。その当時はかなりアホらしい詩だと読んでいたけど、後になってから、というのは近何年とかね、そういうところでは、そうとう見通しよくつけていたなという感じをもちました。ちょっとおもしろいな、というのは変な言い方だけども、北川さんが感じたのと同じことをぼくはちがうかたちで、これは見通しがいい、つまりかなりな程度、編み方をそうとう意識的にしていたんだなと感じます。首尾がととのっています。戦争はどう終わるかということももちろんわからないだろうし、また高村さんは、戦争は勝って終わるということを望んだとおもうんですけれど、これの意味合いはかなり見通しよくて、その見通しのところでは、どういうふうにどうなっても、これはこれだというのが、そうとう意識的なんじゃないかという感じをもちました。

北川　ちょっと考えても、こんな詩集は戦争中どこにもない。詩の中ではかなり景気いいことを言ってても、文章の中では、かならずしも景気よくないし、おれは遠からず死ぬんだからなという感じのするところもある。

吉本　少なくとも、他の同時代の現代詩の詩人が、うかうかとその場の感激とかその場の調子で書いていた程度とはちがう。中身はどうであれ。

単線でない人間の生涯　―　新しい評価の軸が必要　―

吉本　ぼくは今度の『選集』が出来たチャンスに、ぼくの解説もそうですけれども、高村光太郎の評価でおやっと思ったことがあります。たとえば、子供の時から青年時代の前期まではこういう環境でこういうふうに育って、こういうふうなことを考えて、それから留学の前後はこうであって、留学から帰ってからはこうであったというように、なんて言ったらいいんでしょう、歴史的な単線といいましょうか、その線路に沿ってこう変わって、こういうふうになってというふうに、ほんとうはそう思ってたわけじゃないんだけれども、そういう把握の仕方をしてきたようにおもいます。しかし、そうじゃないやり方でやらなければいけないのじゃないか、なんとなくおしまいまで総決算して考えてみますと、なんだかいっとう初めの、おやじさんやお弟子さんの仕事場で見よう見真似で鑿の使い方をおぼえてとか、そういうことが、最後に岩手の山中にいるときに、どっかで生き返っているとか、なんか思いがけない時代のものが総決算してみると生きちゃっているみたいな、そういう評価の軸といいますかやり方をしないといけないんじゃないかなということを改めて実感しました。

ぼくは単線でやりすぎてきたんじゃないかな、ほんとうは人間は単線であるわけはない。とくに高村光太郎という人は総合的ですから、分野も総合的ですし、情緒とか論理の動かし方も把握の仕方も総合的ですから、なにかある時代のものが別の時代にすっと生きて出てきちゃうみたいな、そういう意味合いを捉まえられないとだめなんじゃないかなということを内省的に感じました。

どうしてもリニアーに生涯のコースをたどって、そうすると、あるところでジグザグで、真っすぐでという、そういうふうなイメージになっちゃう。このイメージで捉まえられる評価では、もしかするとだめなんじゃないかなということを感じました。だからまともにもう一度本気になって読み直さないといけない。ちがう評価の軸を、ふいによみがえってしまうみたいなものを捉えられる、そういう評価の軸を考えないと、高村光太郎の評価はだめじゃないかとおもいます。専門の国文学者もそうだけど、詩をやる人は、彫刻とか書などにまったく触れないでやりますし、そういう意味の具体的な総合性もそうですが、なんか精神の動かし方も同じことがあるような気がしてしようがない。その問題をうまく捉まえないといけないいんじゃないかな。

北川　吉本さんがもう一回やり直されるとなれば、それはたいへん楽しみですね。

吉本　ぼくは、そこいらへんが一種の反省点ですね。

北川　その問題で、ぼくもときどき感じるのは、つまり出発点と到達点が同じなのですね。そう言うと考え方によったらちっとも進歩してないんじゃないかということになりますが、なんか同心球式にふくれているような気がする。たとえば「緑色の太陽」といちばん最後の「生命の創造」はまさに響き合っている。ところが微妙な点でちがう。前者では、自分の考えに反対のやつは全部切りとばしてきた。後者になると、同時代というのは、命のあるなしなんかわからないことがあるんだから、屑だって役に立つんだ、それが肥やしになるんだと。だけど両者は、芸術は命を創るんだということについてはまったく変わっていない。核はちっとも変わってない。ところが考え方としては幅ひろくなっている。中島敦が孔子について言ったように、どこも普通の人間だけど、全体が大きいんだというふうな、その大きくなるなり方みたいなものが、もしかするとジャガイモみたいにでこぼこかもしれないけれど、なんか同心球的に進歩してきてるなという感じがある。

たしかに、高村さんの生涯はリニアーじゃないですね。何かを捨てて次のものに行ってということではなさそうな感じがする。たとえば『道程』前期から後期に移るときにいろんなものを切り捨てたとおもう。だけどかならずしもほんとに切り捨ててないところもある。さっきお見せした「通用」という文章（一三〇頁）も、勝手にしやがれと言いたいくらいひらき直っているところがありますね。かならずしも人道主義者の人道主義というものではない。すごい、ぞっとするようなことを言うこともあるでしょう。鮭の卵が何億いても残るのは一つか二つなんだから、あとは滅びちゃえばいいんだ式の、それから「堅氷いたる」もそうだし、ああいう部分は、人道主義者じゃない。何とか主義ではおさまりきれないいろんなものがある。

いろんな可能性がまだあるし、それは絶対知りつくされてはいないし、だからいろんな人が自分の問題をもってて、それで高村さんを読んでくれればかならずなんかあるとおもう。高村さんは原理を語るのが好きな人だから、枝葉末節を語るんじゃなくて、人間存在の根本にいつも関心のあった人だから、読んで損しないとおもう。

吉本　そうですね。それともう一つ、北川さんもそうだけれど、ぼくもまだもう少し年じゃないから（笑）、おこがましくも、高村さんの今の年齢はどういう時だったかなということを考えることがあります。そうすると、これからまた何十年とやっているでしょう。黙っていたって、黙っているということがやっているという存在感をもちましたから、そうしているでしょう。そこのところが、やっぱりどうしても推測でしかわかんないところです。つまり単に生理的年齢というだけじゃなくて、成熟ということでも、成熟という意味を推測でやると、また単線でいきそうな気がしてしようがなくて、そこの部分がわかんないから、まだ、おれはわかったと言えないところがある。とくに岩手にひっこんでって、それからしてたこと、してたことという意味もしてなかったことという意味もどっちも大きな意味がありますから、そのことをもっと考えなくちゃいけないという気がします。どうしてもその問題がのこりますね。

北川　その意味ではぼくは逃げちゃっているのかもしれない。材料を集めることにむしろ主力をそそいで、つまり材料がないことにはわからない、心の中はわからない。高村さんが言っているみたいに、ほんとうのところはわからないぞ、ざまあみろというところがあるわけだから。それにしても、ざまあみろと言っている材料があれば、ああそうか、すごいなということはあるけど、ほんとうにそれがどうわかっているのかといったら、やっぱりたしかにはわからない。だからものを言うときには、やっぱり自分にひきつけて言うよりしようがない。自分の問題で言うよりしようがない。そういう覚悟と諦めはあるわけです。

ただ、ちょうどぼくらの年頃が戦争期の高村さんの年頃になってくると、なんとなく『記録』の意味が、前にはなんか昔の作品までひきこんで戦争詩を書くのを正当化しているじゃないかという意識があって、「猛獣篇」がなんでこの系列に入るのか疑問だった、ちょっとインチキでゴマカシじゃないかしらと。でも今みるとかならずしもそうじゃない。かなり命がけみたいな、道筋みたいなものが見えてくるということがある。きっとそういうことはこれからもしょっちゅうあるだろうし、いつもつくづく思うんだけれど、おれは高村さんのいい読者じゃないなという感じ、つまりまだよく読めてないなという感じがある。言っているところがほんとにわかってないし、そういう意味で本気で読んでないなという感じがすごくある。

吉本　だって、現在のぼくらの年齢（編集部注・五十歳代半ば）になってから激動があって、それから家をたたんじゃうわけでしょう。これはたいへんなことで、たいへんなことの意味というのは、やっぱりちゃんと腹に応えるみたいにしないと、高村さんを自分に取り込むことはなかなかできないとおもう。

北川　これから先の戦争後のことは、生理的に真似られないなという気がします。山小屋だって、外気を遮断しているのは障子一枚ですよ。普通あの辺なら、今なら二重窓でその中に空気を入れて防寒して、ガンガン火をたいてるでしょう。山小屋の窓といえば、部屋の壁を突っついて、竹だけのこして、それで穴を開けたままででしょう。零下何十度のところで紙障子一枚で、肩に雪がつもる、インクが凍るというんでしょう。そこになんとたいして食べるものもたべずよくいられたという、もうそれは生理的にもかなわないなという感じがする。そんなところにいて、これからは自分の生存に自分で責任を持つそういう基礎の上に新しい文化を築くべきだ、なんて言ってる。

高村さんの問題というのは、文学の問題なんてなんかかげがうすいんじゃないかと思うくらいです。読むのは文学を通して読んでもらうしかしようがないけれど、おおげさに言うと、これは日本の将来の運命にもかかわる問題じゃないかなとおもいます。

『選集』の増補部分について

北川　最後に、今度の『選集』の新しい部分について言いますと、この前の『選集』が出てから、資料あつめの仕事はいつもつづけていて、それがガリ版の「光太郎資料」になっていますが、その中から高村さんを立体的に理解するためにどうしても必要なものを追補で入れたわけです。

一巻でいえば、「なやみ」という詩が入っています。これなんかは、昭和女子大の杉本邦子さんという先生が見つけてくれたものですが、明治三十五年のもので、今まではアメリカでの明治四十年の詩が、発表された初めての詩だとされていたわけです。それが何年もさかのぼっちゃう。この詩は藤村ばりですが、若い彫刻家の悩みが、出来栄えはともかくとして、とてもよく出ていておもしろい。次の「英国ニ於ケル応用彫刻ニ就テ」は、完全に実業練習生の報告書なんです。これも読んでいると、小説を読んでるみたいに興味がありあます。日本を背負って立っているような発言がいっぱいある。単純な報告書ではない。これは高村さんの中にあるものだし、直接「緑色の太陽」なんかにつながっていく部分がある。

二巻には、これも今度みつかった「私の事」という随筆が入りますが、この随筆に猛獣のことが書いてある。これは大正九年のものです。ぼくは震災を境目にして出てきたいろんな社会的矛盾が直接「猛獣篇」という詩群を生む原因だったのかなと今まで思っていたわけです。ちょうど都合よく震災の翌年、大正十三年あたりから出てくるから。ところが、大正九年にもう自分の中にいる猛獣のことを書いている。自分の中にたしかに手におえない猛獣が五、六匹巣喰っていて、ものすごく苦しんでいて、そのために社会組織の中で自分は安住できない、いつか自分はこの猛獣を意のままに統御してやるんだということを書いている。だからさっきの吉本さんが言った、単線でなくて、ずーっと来たものがぽんと向こうへ行くという現象からいうとたしかにそういう感じがします。

吉本　大正九年というと、高村さんのどういう時期ですか。

北川　大正九年というと、詩なんか何も書いてない。彫刻も頒布会が終わって、ヴェルハアランを訳したりそういう時期です。おもしろい文章です。

「月報」について

北川　もう一つ、前の『選集』では智恵子さんにはほとんど触れられなかったけれども、智恵子さんの存在はほんとうの意味でずいぶん大きかったとおもう。ところが、智恵子さんは普通の女の人で、高村さんはちょっと異常な男の人で、高村さんが智恵子さんを気狂いにしたんだ式の評価がある。ぼくはそういう批評家の奥さんはすごくいい奥さんだろうなという気がするんだけれど、智恵子さんという人も、ある意味で高村さんと匹敵するか、もしくは高村さんが智恵子はおれのジャイロ（羅針盤）だったと書いているような部分がほんとにあった人じゃないかという気がしてしようがない、ものすごく純粋に物事を考えて。高村さんは男だから、ある時はかなり幅のひろい考え方ができた人だとおもう。ところが傍に智恵子さんがいると、やっぱり尻をたたかれるような気がする部分もかなりあったとおもう。ジャイロだったと高村さんが言うのも、いわゆる挨拶じゃなくてある実感があったにちがいない。

智恵子さんの書いたほんのわずかしかない文章をみると、いつも物事の本質にむかってずばりと物を言っている。そういう意味で智恵子さんもたいへんすばらしい女の人だし、智恵子さんの物の考えの動き方を捉まえないと高村さんの物の考えの動き方がわからない部分もあるんじゃないか。それで、今度のは月報が入れられるというんで、普通の月報にしないで、智恵子さんの選集みたいな、これをまとめてとじておくと智恵子選集ができるというふうなもの、できたらアルバムの体裁もとりたいという感じで、付録「智恵子遺珠」を作ったわけです。めずらしい写真も入るし、それから今までどこにも載らなかった日本文学論みたいなものも入る。その意味では、いちばん新しい智恵子選集が光太郎選集といっしょに作れる。

吉本　ちょっといい月報になりましたね。なかなかすごいことも書いてある。

北川　三巻に入る「病間雑記」なんか、智恵子さんもまた自分の生涯を先取りして、白痴になっていくことに憧れたり、なにかこわいような文章もあります。（了）

（一九八一・一〇・一三）

通　用　（本文一一三頁）

玉鋼《たまはがね》を本当に鍛えて作った小刀を、鳴滝の上もので心ゆくばかりに研いで、檜をざくざく彫ってゆく気持ちはたとえようもない。そういう時、心を潜めて彫った彫刻の味などは、到底観るものにわかる筈はない。それは永久に分からないままでいいのである。作品は誰にでも分かるところまでの姿で世に通用して、しかも奥の知れないままでよろしい。無理はいらない。

解説　「通用」は昭和六年三月一日発行の『短歌創造』第二号巻頭言。この雑誌は花岡謙二編輯の自由律短歌同人誌で、石原純、上田杏村らも執筆していた。短文だが、智恵子発病の前夜、光太郎の最も激しい一時期の発言である。（北川太一）

隆明さんへの感謝

ためらう僕に弓立社の宮下さんが、「いま一番書きたいことをなんでもいいから」と言って下さった。僕はギリギリの早生まれだから隆明さんより一つ年下の八十一歳だけれど、「みっともない」ことに夏ごろから片方の膝を痛めて、古い資料を取り出そうにもままならない。隆明さんは僕にとってというより、この国にとって大事な人だから、光雲が高村さんに、「用もないのに人の仕事場にむやみにおしかけるもんじゃない」と教えたという訓戒がいつも頭にこびりついていて、その起居日常の安否は共通の知人、吉本家のヘルスアドバイザー筒井トキ女史を通じて細かに知り、安心したり、心配したりしているが、この頃は会って話をすることもない。今度はいつ会えるのか、なにやら心もとない脚なえの昨今だから、嫁入りの娘のセリフじみて照れくさいが、今まで正面切って言ったこともない「ありがとう」を、いまのうちに隆明さんに言って置きたい。

僕が初めてガリ版で『高村光太郎年譜』を手作りしたのは昭和二十九年のことだが、いち早く隆明さんがくれた葉書を大事に取ってある。「いづれあらためて」と書いたその仕事は、高村さんが亡くなった翌年、この国で最初の光太郎についての単行本になって現れた。その年発行された『高村光太郎全集』の月報に書いた「出さずにしまつた手紙の一束」にも、先の『高村光太郎』の決定版に補った「高村光太郎私誌」にも、うろたえるほど丁重に、ただ拾いあげてつみ重ねる蟻塚のような僕の仕事に触れてくれた。隆明さんと一時期過ごした大学の特別研究生とおさらばして、沢山の荷物を背負った定時制高校生と遊び暮らしていた僕にとって、それがどんなに大きな弾み車になったか。人は「隆明さんがあ言うのだから」という眼で僕を眺めた。弾み車は事ある度に今でもブンブン回りつづける。隆明さんの友人だと思われることがどんなに誇らしく、一緒にした仕事のなかでどんなに沢山のものをもらったか、言葉には尽せないけれど、改めてこの「ありがとう」をとどけよう。

平成六年に『光太郎全集』の増補に取りかかった時、その「内容見本」の初めに隆明さんは、「その後、半世紀ちかくのあいだにわが近代は変貌し、混沌を加えてきた。そしてこの変貌にいちばんふさわしい不易な変貌と追加の深さは、北川太一のなかで行われて来た高村光太郎の姿だったといって過言ではない。」と書いてくれた。それはそのまま、隆明さんのなかで高村さんとの対決が、長い時間をかけて「不易の変貌と追加の深さ」をとげたことのあかしのように感じられて嬉しかった。しかもその短い文章を、最近の大事な詩の本『際限のない詩魂』（平成十五・思潮社）に見つけて、自分勝手だが、わが友吉本隆明との、仕事を通じての長い連帯に、痛いほど心を衝たれた。

「私誌」の中で隆明さんは書いている。「北川太一とわたしは、いわば高村光太郎の資料の探索については、草分けの存在であった」と。僕たちの卒業した深川の都立化学工業というのは不思議な学校だった。近くにはまだ広い草原や水溜まりや溝川があって、腹の紅いイモリやダボハゼや大きな鮒さえが泳いでいた。僕は落ち零れの第二本科、四組の昆虫少年で、本科の隆明さんと話す機会は殆どなかったが、しかし僕のクラスにもニイチェを説く安田三郎とか、オウム事件の頃の日弁連会長土屋公献とか、「ファウスト」を無理やり読ませた加藤進康とか変わった連中が沢山いた。加藤は後に工大で隆明さんが演出した太宰治の「春の枯葉」を演じたりした。しかし多くは町工場や手わざで生きる職人の子弟で、卒業したのは太平洋戦争が始まった昭和十六年十二月、それぞれの道にバラバラになったけれど、その頃僕らが同じように引かれたのは、高村光太郎や宮沢賢治だった。隆明さんの家は月島の舟大工、僕は日本橋の屋根屋の次男坊。ことに高村さんに引かれたのは、そんな下町の職人の血だったかも知れない。

あれはいつの夏の日だったろう、「お父ちゃん　みっともない！　お父ちゃん　みっともない!」と叫びながら、ランドセルの真秀《まほ》ちゃんが、火のついた小鳥のように飛び込んできたのは。多分、どこかの講演会のビラに、「お父ちゃん」の名前をみつけたのだったにちがいない。降明さんも洪笑し、僕も嬉しくなって笑った。「みっともな」くないのが、きっと吉本家の美意識だったのだろう。どんな用事でその千駄木の吉本家にいたのか、毎日の手料理の話を熱心にしてくれたのだけは覚えている。

隆明さんは静かな声で、いつも自分の内側に語りかけるように話す。内側にはいろんな思いが渦まいていて、溢れるように訥々と流れ、時には深い淵から浮かび上がるものをすくい上げるように言葉を探す。ありあわせの言葉では間に合わなくて、新しい言葉を創る。言葉は誤解されることもあるが、その誤解さえ大地を潤す雨のように生産的なのは、すべての大きな思想のあかしだ。科学と詩の融合などという態《てい》で解ける問題ではきっとない。

肩書き抜きのただの人として真っ直ぐものを見る野太い根性、人や物をいたわるこまやかな律義さ、天性の優しさ。高村さんのいう霧の向こうを見通す航海者の眼、確信をもって進む操舵者の原理的な理性や行動力、それやこれやが生み出す、踏み込めば迷子になりそうな膨大な山塊。

そんな隆明さんにも、もしかするとアキレスの腱。いつかふと会った電車のなかでポツンと呟いた、「女はすぐ最後の言葉を言う」。にもかかわらず見事な二人の女の子たち。多《さわ》子ちゃんのハルノ宵子さん、真秀ちゃんのばななさん。筒井女史はいう、病気勝ちのお父ちゃんやお母さんを支える、多子ちゃんは吉本家の宝だと。散歩の途中でお父ちゃんと立ち寄り、同じ千駄本の我が家の長男坊と、一つ布団でスヤスヤ昼寝していた隆明さんの最初の女の子を、いまたのしくうれしく思い出す。

当たり前のことは「みっともなく」ない、隆明さんが買い物袋をぶら下げて、八百屋にでも魚屋にでも平気で出かけてゆくのは、高村さんとおんなじだ。町の小父さん然と、自転車を愛用する。昔々、堀切（東京都葛飾区）に近い隆明さんの実家から、その自転車の荷台に乗っけてもらって、夕暮れの亀有の特飲街?を走りぬけたのも懐かしい。お互いに元気になって、この町のどこかでまた出逢いたい。

（二〇〇七）

吉本と光太郎

僕の親父は日本橋の裏通りのブリキ屋の親方だった。そこから深川の学校まで、市電が永代橋を渡ると、右手に大きな石川島の造船所が見える。吉本のいた月島はその向こうだ。洲崎の先を左に曲がると東陽公園前。そこに市立第一高女があった、次の次が府立化学工業学校前。吉本も僕も、昭和十二年にはその学校にいた。あたりの埋立てたばかりの草地には、大きな材木を浮かべた何本もの掘割や、池というにはおこがましい幾つもの水溜りがあって、腹の赤いヰモリや黒く光るゲンゴロウ、グロテスクなタガメなどがいた。糸を垂れれば大きな鮒さえ釣れた。その年には日支事変が起きていたが、生徒たちは勝手に青春を謳歌し、女学生たちとの恋文事件もしばしば口の端に上った。四つあったクラスの中で僕の組には、当時絶対の権力を持つ配属将校に平気でタテつく若い担任がいて、ガリ版刷りのクラス誌の作り方を教えてくれた。しかし吉本たちのクラスが少し遅れて作り始めた『和楽路《わらじ》』については、特記して置かなければならない。吉本が早くから門前仲町の今氏塾に通い始めたことは、天の配剤と言うべきか。昭和十五年頃には、読書家だったその書庫は、吉本のために解放される。「高村光太郎私誌」の冒頭は書く。

「はじめて高村光太郎の詩にふれたのは今氏乙治先生の私塾で、或る日先生は河出書房版の『現代詩集』の全三巻を、蔵書のなかからとりだしてきて読んでみたまえとわたしてくれた。」

その第一巻にあった光太郎の「猛獣篇其他」を圧倒的に優れていると思い、殊に「寸言」という短詩と「老耼《ろうたん》、道を行く」を暗誦するほど読んだ。そして『和楽路』に光太郎についての最初の創作「孔丘と老耼」（注・孔子と老子）を書いた。『論語』を精読しそれを構成したのは十六歳の少年である。僕は虫ばかり追い廻している稚い昆虫少年だったけれども、吉本はファーブルの『昆虫記』の、生きるもののいのちに魂をゆすられる感性を兼ね備えた、哲学少年だった。

光太郎の詩集「道程改訂版」が世におくられたのも昭和一五年、たぐい稀な愛の詩集として『智恵子抄』が出たのはその翌年。戦争詩とともに、どれも僕等を夢中にさせた。太平洋戦争が始まり、繰上げ卒業で、進学組の吉本は米沢高等工業に、就職組の僕は学費を稼ぎながら東京物理学校の夜学生になって、それぞれの時間を紡いだ。進行する民族戦争に、どちらも死を覚悟した愛国青年だった。戦い終わり、海軍技術科士官として飛行予科練習生たちといのちをかけた南四国から帰ったあと、工業大学進学を選んだ時、すでに吉本は大学にいた。そして二人ともアトリエを焼かれて花巻郊外に孤坐しているという高村光太郎が、いま何を考えているか、それればかりが気になった。光太郎がここに至った道を明らかにしない限り、これから何が出来ようかと思いつめた。そしていつのまにか、僕は重い荷物を背負った定時制高校の生徒の中に埋没し、吉本は渦巻く自分の想念の生み出し手になっていた。原紙切りから製本までその生徒たちに手伝ってもらって、五十部足らずの『高村光太郎年譜』を、こちらから読者を選んで勝手に送りつけたのは、昭和二十九年の夏休みの仕事だった。そしてそれが僕の一切の仕事の原点となった。思いがけずたくさんの反響があったけれど、ことに折り返すように届いた吉本のハガキは僕を力づけた。吉本の本の決して良い読者ではなかったけれど、僕をいつも大切にしてくれた吉本を、勝手にかけがえのない友達だと思う。

高村光太郎年譜いただき、早速むさぼるように読みました。驚嘆すべき労作で、こころの底から敬意を表したいと存じます。下らない詩や詩論がマス・コミの波にのって氾濫するとき、貴方のこの研究は、それらすべてを圧して、長くその価値をとどめることを確信いたします。いづれ、あらためて北川さんのこの仕事に触れさせていただきます、お会ひ出来るまでお元気で」

いくら調べてもわからない年譜の穴を埋めるために、誰の紹介も無しに中野のアトリエに押しかけて聞き書きを取り始めた僕に「自分では何処かわからないのか分からないから、何でも聞け」と話してくれた光太郎にどんなに面倒をかけたか、その生涯はもう一年あまりしかなかったのに。吉本の最初の光太郎詩論「高村光太郎ノートー『のっぽの奴は黙つてゐる』について」が「現代詩」に発表されたのは翌年四月だった。

春の大雪のあと、四月二日早暁、孤棲の光太郎がアトリエで亡くなったのは昭和三十一年だが、草野心平らの配慮で直ちに全集編集の仕事に取り掛かった僕は、第一巻の月報の執筆を吉本に頼んだ。その「『出さずにしまつた手紙の一束』のこと」の一節を、ここにはどうしても書き抜いて置かなければならない。

「『道程』一巻も恐るべき詩集である。『智恵子抄』も恐るべき詩集である。前者は、その背後に父光雲の芸術と人間にたいするぞっとするような憎悪と排反を秘しているからであり、後者は、夫人の自殺未遂、狂死という生活史の陰惨な破滅を支払って高村があがない得たものだからだ。／わたしは、『道程』をヒューマニズムの詩と評価することにも、『智恵子抄』を比類ない相聞と評価することにも無条件に賛成できない。」四半世紀後、一緒に『光太郎選集』の増訂版を作った時、その最初の巻の帯に、吉本はみずからに語りかけるように、こうも書く。

「人間という概念をどこまでも拡大しようとして、到達したところを造型し、また追いもとめて際限のなかった詩魂であった。わたしたちは、結局はこの詩魂が探索した域外に在ることはないような気がする。」

これこそが吉本の、光太郎について生涯追い続けた膨大な仕事の、根幹のテーマであり、自ら筆をとったその最後の発言を導くものであった。

戦後の山林生活で作り出された最も優れた詩の一つ「人体飢餓」に触れ、なまじ解説などをつけるよりも、こういう断片にあらわれたこの詩人・彫刻家の自負と自由意志と老いを知らない芸術性ははっきり見てとることができる、と書いたあとで、「本音をいえば晩年の高村光太郎の詩も彫刻も理解しにくい部分がのこる。西欧近代の芸術を腹中に容れた東洋の意味が、負数であるのか正数であるのかは、まだ本格的に問われるほど、この詩人・

彫刻家は読み切られていないと思える。」と、吉本にしてそう断言する。はるか後の吉本の追随者たちの耳に、この言葉は、ついに死なないその仕事のすべての意味を、問いかけるように響く。誰がいつ自分の仕事を読み切るだろうかと。

（二〇一四）

死なない吉本

今年三月十六日、吉本隆明が八十七歳で亡くなってから、どんなに沢山の思い出や追悼の言葉が、語られ、書かれたことか。それは今も続き、これからも終り無く続くに違いない。中には「日本の英雄」という表現さえあって、「よせやい！」という彼一流の苦笑いさえ見えるようだ。しかしその思想の理解にはさまざまなニュアンスがありながら、どれもこれも吉本に触れたほどの沢山の人々が、科学者としての確固たる骨格を持ち、詩人としての靭く繊細な物事の本質を見通す感性に溢れ、家庭では子供たちのよきお父ちゃん、気軽な巷の生活者でもあった吉本その人に魅惑され、彼が大好きなんだったのだなと改めて思う。そんな吉本はいつまでも人々の心のなかで死なないと思う。

吉本の生涯はほとんど本郷、下谷などの東京下町を離れず、町歩きの途中で見つけた、小さいけれど天麩羅屋の掻き揚げ丼や、目立たないケーキ屋の所在を何気なく教えてくれた。

直接受ける印象は、その風貌からも、訥々と考え言葉を選び、独特な微笑をたたえながら理解し、説得しようとするその語り口からも、数え立てれば人懐こい、古い下町のまっとうな物作りの職人、仕事好き、ウソつき嫌い、正直に向かい合う誰にでも真剣に答える思いやり、行動するその人柄、渦巻く好奇心、一度思いつめたら決して投げ出さない人を巻き込むマグマのような情熱などなど、きりもない。そんな吉本から骨も絶つ戦争犯罪論や、広範な知識の『共同幻想論』が生れるのに違和感はない。

昭和十二年四月、深川千田町にあった東京府立化学工業学校に入学した吉本は大正十三年十一月二十五日の遅生まれ、僕は翌年三月二十八日早生まれの一つ違い。この特異な場末の工業学校には教師も含めて不思議な雰囲気があった。

生徒には手仕事を業とする中産階級の子弟が多く。簡単に言えば吉本の家は月島の船大工、僕の家は日本橋の屋根屋の職人。しかしこの学校の時代に私塾生活も含めて、吉本は吉本になったと言ってもいい。詳しい生涯の経緯は川上春雄らの労作による年譜を見ればいいが、同じような私塾は当時、下町のそこら中、日本橋の駄菓子屋の二階にもあった。

そんな学校にもかかわらず、学業にかかわりの無い、熱心な読書家が多かった。卒業を放棄して大検を選び、東大に入って、広島大学教授として早く死んだ社会学者安田三郎が居た。化工の頃にニイチェに熱中して盛んに講義してくれた彼は巡査の息子だった。静岡高等学校に進み、従軍後東大文学部を卒業、弁護士として旧日本軍による７３１部隊や重慶爆撃などの国家賠償事件の弁護団長を務め、オウム時代の日弁連会長だった土屋公献も一つ年上の四月三日生まれだった。

桐生工高を経て東京工業大学に進み、吉本と親しい関わりを持つことになる加藤進康には目もさめるような美しい姉があり、兄の沢山の蔵書から持ち出した鷗外訳「ファウスト」第一部冒頭の「はてさて、俺は哲学も」の長い独白などを競って暗唱したものだ。加藤は大学時代に吉本の演出した太宰治の「春の枯葉」の迷優の一人だ。

僕たちは太平洋戦争開戦の昭和十六年十二月、戦時名目で繰り上げ卒業したが、卒業後もそれぞれの環境、それぞれの思い入れで、『智恵子抄』を出した高村光太郎や、ようやく読み始められた宮沢賢治に熱中し、詩歌に心を傾けた。

東京府立工業奨励館化学部の産業技手補という職を得ながら、東京物理学校の夜学に通っていた僕は、その仕事部屋で受け取った加藤の「雨ふれば部屋もを暗く思ひわびて存在《ザイネス》の悔恨《ロイエ》とひそやかにいふ」という歌を今もふと口ずさむ。吉本の数少ない短歌もこの頃作られた。加藤は大恋愛の末、薬剤師の資格を得て桐生に棲み、薬局を営みながら、其の地の史談会長として、地方史に確かな業績を残した。平成四年十二月に亡くなった彼を一緒に弔問した一日を忘れない。

志願した海軍生活は一年足らずで終わり、改めて入学した工業大学で吉本や加藤に再会したのは、昭和二十一年のことだった。大学の池のほとりで、今は岩手の山奥に独り棲む光太郎について暗くなるまで語り合った記憶がある。吉本が今氏塾で初めて一挙に光太郎詩を読んだという昭和十四年十二月に河出書房から出た『現代詩集Ⅰ』は高村光太郎、草野心平、中原中也、蔵原伸二郎、神保光太郎の合巻だが、巻頭は「猛獣篇　其他」の総題を持つ二十二篇の詩群だった。今氏もその塾も戦災で失われていたが、吉本は光太郎に「猛獣篇」という独立詩集があると強く錯覚していて、化工の同級生だった吉本邦芳が神楽坂の上でやっていた小さな古本屋にまでその聞き込みに連れて行かれたことがある。その詩集は結局幻に終ったけれど、吉本が化工時代に作ったクラス雑誌「和楽路《わらじ》」に光太郎について最初に書いた散文「孔丘と老耼」の端緒となった「老耼、道を行く」が二番目に掲載されている。吉本はこの頃から光太郎の仕事の原点にまで探索の目を広げていたのだろう。ガリ版詩誌『時禱《じとう》』が作られた年で、僕はそこで吉本の「餓莩《がひょう》地帯」などの詩を初めて読んだ。今思えば当時の大学には何をやっても自由な戦後の空気が漲っていた。吉本が敬愛した遠山啓の数学の単位があり、伊藤整が英語教師だった。

繰り上げ卒業で昭和二十二年九月に大学を終えたその時の吉本との関わりはほんの僅か

で終ったが、姉の死を契機として外部の雑誌に詩を発表し始めていた吉本には辛い時間が続いていたという。工大の特別研究生として再び一緒になったのは昭和二十四年になってからだった。彼の研究室は同じ階にあった。二年間のその第一期を終って吉本は東洋インキ製造に入社、二十七年には詩集『固有時との対話』が出来て、それを届けてくれた時、日本の明治以後の詩史を広く見通すための資料が見たいという希望が添えられていた。お花茶屋や駒込坂下町の吉本の家を訪ねたり、時に日本橋の我が家に来てくれたりが続いたけれど、昭和三十年に吉本が『現代詩』に「高村光太郎ノート」を発表し始めたことは、僕を興奮させた。年譜を補充するために光太郎の聞き書を取り始めていた僕は、すぐその雑誌を死の前年の光太郎に見せて、わが友吉本隆明について語ったのを覚えている。昭和三十二年、『光太郎全集』の編集実務に従っていた僕は、最初の月報に「『出さずにしまった手紙の一束』のこと」を載せた。その全集は当時の慣習を破って戦時の作品も書簡も余さず収録したことで吉本を喜ばせた。

結婚して駒込千駄木町に移り住んだ我が家にも町歩きの途中で立ち寄ってくれた。時には僕の長男より何ヶ月か小さい多子《さわ》ちゃんを連れて。

昭和三十五年、六十年安保闘争の中で吉本が果たした役割はよく知らない。ある日「少し話していってもいいか」と突然姿を見せた吉本が、「誰かにつけられているみたいなので」

といつもと変らぬ様子で言った、そんな時代もあったのだ。

吉本によって高村光太郎についてのこの国で最初の単行書が鶴岡政男の装丁で飯塚書店から刊行されたのは、昭和三十二年七月のことであった。自らの青春と重ねて、戦争期の光太郎の二重性の意味をつきとめようとするところから始めたこの仕事は、五月書房（昭和三十三年　改稿版）、春秋社（昭和四十一年　決定版）と増補されつつ進化し続けた。吉本の果たした膨大な仕事の間にも、光太郎への関心は途絶えることなく続き、決定版の出た十二月に同じ春秋社から刊行した、吉本と共編の『光太郎選集』全六巻には別巻の写真集『造型』を含むすべての巻に力のこもった長い解説を書いた。昭和五十六年のその増訂版の帯に六十七歳になった吉本は「わたしたちは、結局この詩魂が探索した域外に在ることは無いような気がする。」と書いて、その文章をしめくくっている。

殆ど記者のインタビュー、執筆で作られた『日本近代の名作』（平成十三年　毎日新聞社）の二十四人の文学者の作品うち、光太郎と鷗外についてだけは自ら書きおろし、光太郎の項の末尾を「本音を言えば、晩年の高村光太郎の詩も彫刻も理解しにくい部分がのこる。西欧近代の藝術を腹中に容れた東洋の意味が、負数であるか正数であるかは、まだ本格的に問われるほど、この詩人・彫刻家は読み切られていないと思える。」と七十六歳の吉本が結ぶ。もしかしたら遥か後世の研究者が、吉本についてそう結ぶかのように。

書き始めればきりも無い。尻切れトンボだがもう一つだけ吉本らしい挿話を一つ書き付けておこう。「竹内好の死」（『文芸』昭和五十二年五月号）という文章の一節だ。

じぶんは近くの日本医大に信頼する知り人がいる。もともとは、おなじ近くに住む高村光太郎の研究家北川太一から紹介された人で、浄土宗の尼僧の資格をもち知人が手術入院したときの経験では、ただ側にいるだけで重篤状態で騒いでいる病人が大人しくなるから不思議だというような人だ。―わたしの印象では日本医大というのは名医が揃っているかどうか知らないが、医師から事務員、守衛さんに至るまで気さくで親切だということは、子供が夜中によく治療に駆けこむことがあるときの印象でも断言できる。それがわたしの推薦の口上であった。―。わたしは看護部門の諸経験と心ばえについて、ひそかに無形文化財のようにおもっている知り人に紹介し、近所に住まっているかぎり北川太一にも頼んでトリオで、できるかぎりの世話をしよう、そうすれば可成りの威力を発揮するだろうとおもっていたことも明言しておく。

吉本の知人というのは従軍看護婦の経験もあり、戦後はこの病院の看護教育を指導してきた筒井トキで、終始吉本家の医療相談役だった。信ずれば人に心を預け、人もまた信を傾けるそんな吉本の乗り越えてきた、幾重にもかさなる戦いの、最後の憩いの場所が日本医大だったことは、何かホット心休まる思いがある。

（二〇一二）

しかも科学はいまだに暗く

——賢治・隆明・光太郎——

歌会始のおうた一首

平成二十五年度の新年恒例宮中行事「歌会始の儀」は一月十六日、皇居松の間で催されました。そのお題は「立《たつ》」。天皇、皇族をはじめ二万首に近い応募者の歌の中から選ばれて読み上げられた歌々のおよそは、新年の慶祝の彩りを持つものですが、其の中の一首、三笠宮百合子妃のお歌は、類を絶し、時を経ても、むしろ慟哭に似た強烈な印象で、私の心に共鳴し今も消えません。

俄《にわか》にも雲立ち渡る山なみのをちに光れりつよき稲妻

三笠宮崇仁《たかひと》親王は大正四年十二月にご誕生の大正天皇の第四皇子。昭和十年十二月に宮家創設。大正十二年六月子爵高木正得の二女としてお生まれになった百合子妃は昭和十六年十月二十二日に三笠宮家に嫁がれたのですから、御歳はおよそ九十歳になられるでしょうか。昭和十六年十月といえば太平洋戦争開戦の前夜にあたります。

三笠宮妃として過ごされた、戦争にまつわるあの想像を超えた皇族軍人夫人としての年月、そして夫君の文化やスポーツにかかわる誠実なお仕事を支えたその後の時間。そんな時を隔てて再び騒乱に満ちようとしている世界歴史の逆転。経験をこえる天変地異さえそれに加わろうとしているのです。つよき稲妻を感じ取る妃と悲しみを同じくするのは、人類の上に初めて炸裂した原子爆弾を体験したわたくしたちすべての、くり返してはならないとする予感ではないでしょうか。

昭和十六年十月十六日には第三次近衛文麿内閣が総辞職し、十八日には東条英機内閣が成立、十二月一日の御前会議で対米英蘭開戦が決定されるのです。当時私は十六歳、吉本隆明は十七歳。ともに東京府立化学工業学校の五年生。戦時特例によって十二月の卒業を待つ身で、八日の開戦は卒業試験の直前でした。高村光太郎の『智恵子抄』が世におくられたのはこの年の八月。宮沢賢治は昭和八年九月に亡くなり、翌九年から十年にかけて光太郎が装丁し、草野心平らと文圃堂から刊行した三巻ものの賢治全集はもう容易に手にはいりませんでしたが、賢治の教え子だった松田甚次郎が編んで、昭和十四年から羽田書店が長く刊行を続けた『宮沢賢治名作選』は、戦時の私たちの愛読書の一つになりました。そこで初めて見た大正十五年六月頃に書かれたという「農民藝術概論綱要」などを何度もくりかえして読み、化学の学生であった私の心は

宗教は疲れて　近代科学に置換され　然も科学は冷たく暗い

などという言葉に打ちひしがれたのでした。後に光太郎が戦後、宮沢清六と編んで『宮沢賢治文庫　四』（昭和二十二年九月　日本読書組合刊）に収めたほぼ同じ時期のノート断片「生徒諸君に寄せる」にも

すべての信仰や徳性は
ただ誤解から生じたとさへ見え
しかも科学はいまだに暗く
われらに自殺と自棄のみをしか保障せぬ

むしろ諸君よ
更にあらたな正しい時代をつくれ

の詩句が見られます。

科学の力と無力・人間精神の危機

第一次世界大戦の直後、大正八年四月フランスの詩人ポール・ヴァレリー（一八七一―一九五四）は「精神の危機」と題して人々にこんなふうに語りかけました。

あんなに短い時間に、あんなに沢山の人びとの命を奪い、あんなにたくさんの資材、文化の蓄積を消耗し、たくさんの都市を壊滅させるには、疑いもなく多くの科学の力が必要であった。しかし道徳的な美点もまたこれに劣らず必要だったに違いない。良心的な勤労、もっとも堅実な教育、厳格な訓練と勤勉、そんな民族の美徳が、どんな悪徳すら創りださなかったほど数多くの害悪を生みだしたこと。精神の高貴こそヨーロッパをヨーロッパたらしめたものなのに、それはまさしくこの同じ精神が生み出したものだった。

「知識」よ「義務」よ、汝らは警戒されなければならないものなのか。

もし戦争が、天災のようにわれわれを襲う物理的暴力、物理的破壊に過ぎないのであれば、問題は簡単である。たしかにその結果は悲劇ではあるが、精神は荒涼たる破壊のあとに、新たにものを作り上げるだろう。

だが戦争は天災ではない。それはまさしく精神が生み出したものなのだ。そしてそのような点から見れば、われわれは戦争の被害者であると共に加害者である。「精神の危機」は戦争があらわにしたこのような事実から発している。


この戦争の間だけでも科学の力は戦車を生み、飛行機を生み、それは庶民への無差別爆撃の手段となり、巨大な艦船を生み、強力な爆薬を生み、化学兵器を生みました。そしてそれは自らの身を守る輝かしい知識の集積の裏側で、営々と築きあげた多くの人類の文化を消滅させたのです。個人の、国家の、民族の果てしない慾望のために。

なんという愚かなことでしょう。その愚かさを人類は悟らない。しかも科学はその精神の暗黒面に対抗する力を持ちません。科学もまたその心を照明するために、限りない努力を求められるのです。

この世界を呑みこんだ戦争から時を隔て、第二の世界戦争が終わってから九年目の、昭和二十九年に同じフランスの文学者ジャン・ポール・サルトル（一九〇五―一九八〇）が「大戦の終末」について書いています。

今後、私の自由は、更に純粋になり、私の行為に対して、いかなる人間も、いや神すらもその証人とはなり得ないだろう。今日以降、永劫に、私は私自身の証人とならなければならないのだ。そして全人類が、もしそれが生存し続けて行くものとすれば、それは単に生まれてきたからという理由ではなしに、その生命を存続させる決意を持つことによってだけ存続できるということになるだろう。

もはや「人類」というものはない。原子爆弾の監理者になったこの共同体は全生物界の上に位置する。なぜならその共同体は既にすべての生物界の生と死とに責任を持つにいたったからだ。あらゆる生きものが生きるためには、その共同体が来る日も来る日も、一分ごとに、生き抜くことを承認しなければならないからだ。

この二つの大戦を決定的に区切るのは、原子力の開放という科学的成果でしょう。しかしこの地上に招き入れた太陽の灼熱、初めの大戦にあたってヴァレリーが語った天災に対する精神の位置は、原子力の開放という地上の全生命の生死に根底で関わる現実にたいして、どんな意味を持ち得るでしょうか。これは単に「天災と精神」と区別して呼び捨て得る二つの次元の現象なのでしょうか。

湯川秀樹の予言

明治四十年に生まれた湯川秀樹は明治十六年に生まれた高村光太郎より二十四歳年下の原子物理学者で、昭和十年にすでに原子核の構成要素としての中間子の存在を予言し、昭和十八年には文化勲章をうけています。その湯川が「原子と人間」という長い詩を書いて、原子力開放の歴史をうたったのは、大戦直後の昭和二十二年でした。人間がこの世に現れる以前から筆を起こしたこの百行に及ぶ長大な詩の後半は、こんな風に続きます。

遂に原子爆弾が炸裂したのだ
遂に原子と人間とが直面することになつたのだ
巨大な原子力が人間の手に入つたのだ
原子炉の中では新しい原子が絶えずつくり出されていた
川の水で始終冷していなければならない程多量の熱が発生していた
人間が近よれば直ぐ死んでしまうほど多量な放射線が発生していた

石炭の代りにウランを燃料とする発電所
もう直ぐそれができるであろう
錬金術は夢ではなかつた
人工ラジウムは天然ラジウムを遙かに追越してしまつた
原子時代が到来した
人々は輝しい未来を望んだ
人間は遂に原子を征服したのか
いやいやまだまだ安心はできない
人間が「火」を見つけだしたのは遠い遠い昔である
人間は火をあらゆる方面に駆使してきた
しかし火の危険性は今日でもまだ残つている
火の用心は大切だ
放火犯人が一人もないとはいえない
原子の力はもつと大きい
原子はもつと危険なものだ
原子を征服できたと安心してはならない

人間同志の和解が大切だ
人間自身の向上が必要だ

世界は原子と人間とからなる
人間は原子を知つた
そこから大きな希望が湧いてきた
そこにはしかし大きな危険もひかえていた
私どもは希望を持とう
そして皆で力をあわせて
危険を避けながら
どこまでも進んでゆこう

（『ＰＨＰ』昭和二十二年三・四月合併号、
二十三年十二月　甲文社刊『原子と人間』収録）

この詩が書かれたのは、光太郎が岩手の山小屋で「暗愚小伝」の構想に腐心している頃でした。

二十七歳の秀樹が原子核力の理論的研究に基づいて新粒子中間子の存在に着想したのは昭和九年のことですが、その存在の予言に対してノーベル物理学賞の授与が決定したのは、この詩を書いた二年あまりあと、昭和二十四年十一月のことでした。同じ年同じ月に光太郎が書いた詩「山荒れる」には、ややニヒリスティックな表現でこんな詩句が読み取れます。

小屋をゆすぶる嵐のやうに
おれをゆすぶる無数の真理。
ギゼエの怪獣が坐りこんで
人類進化の幼稚性を今でもわらふ。
やつと捉へた原子力は
まづ殺人の利器となり、
人類悪は級数的に洗練せられて
もう一度方舟《はこぶね》が用意される。
今度の方舟は成層圏に逃げるだらうが、
うまくゆけばそこではじけて一切絶滅。

無機世界のうつくしさよ。
永劫沈黙のいさぎよさよ。
元素の燃える大火団と、
燃えつくした死火山塊と、
黒闇のがらんどうと、
ただ力学的に動くのみなる宇宙の美よ。
野放しの一人民には違ひないこの微生物の
太田村字山口のみじめな巣に
空風火水が今日は荒れる。
嵐に四元は解放せられ、
嵐はおれを四元にかへす。

（昭和二十五年一月発行『心』所収）

ソ連で世界最初の原子力発電による送電が始まったのは、昭和二十九年六月二日のことでした。二十七日には工業用原子力発電が始動しています。チェルノブイリの原子力発電所で大事故が発生したのは昭和六十一年四月で、拡散した放射能汚染は未だに解消しません。光太郎が一種の比喩もこめて太陽を原子爆発大火団と捉え、その新しい火の功罪を詩「新しい天の火」で再び歌って未来への熱い願いをもこめたのは、昭和二十九年十二月のことです。

原子爆発の大火団が
雲を貫いていのちの微粒子を放射する。
有機の世界、
無機の世界、
この故に屈折無限の意味を持つ。
天の火を盗んだプロメテの今日の悲劇よ。
人類はじめてきのこ雲を知り、
みづからの探求は
みづからの破滅の算出。
ノアの洪水に生きのこつた人間の末よ。
人類は原子力による自滅を脱し、
むしろ原子力による万物生々に向へ。

新年初頭の雲間にひかる
この原子爆発大火団の万能を捕へよ。（以下四行略）
（昭和三十年一月一日『読売新聞』

吉本隆明の原発論

世界の文明を支える有効なエネルギー源として原子力発電所が乱立するのに、人はたくさんの時を待ちませんでした。自己主張のための原子爆弾や大陸間弾道ミサイルなどのひそかな目論見も秘めながら。そしてこの国を襲った、あの平成二十三年三月十一日の東日本大震災です。地震と大津波とそれに伴う原子力発電所崩壊の放射線の拡散です。かつて無かったこの複合災害に対する準備や先の知れない今後については、じつに沢山のことが語られ、企てられて来ながら、その復元は勿論、対策もまだ漸く緒についたばかりです。

問題を投げかけたものの一つに、平成二十四年三月十六日に亡くなった、賢治とも光太郎とも関わり深い吉本隆明への週刊誌のアンケートがあります。『週刊新潮』の平成二十四年一月五・十二日合併号に掲載された、恐らく編集者によるものと思われる「『反原発』で猿になる！」と題されたその文章は、こんな風に始められます。

僕は以前から反核・反原発を掲げる人たちに対して厳しく批判をしてきました。それは今でも変わりません。実際、福島第一原発の事故では被害が出ているし、何人かの人は放射能によって身体的な障害が生じるかもしれない。そのために「原発はもう廃止したほうがいい」という声が高まっているのですが、それはあまりに乱暴な素人の論理です。

今回、改めて根底から問われなくてはいけないのは、人類が積み上げてきた科学の成果を一度の事故で放棄していいのか、ということなんです。

吉本が言おうとしているのは、人間があらゆることに努力を積み重ねてきたそのすべてを一緒くたにして、政治家も科学者もが声をそろえて頭から否定してしまおうとする其の態度の安易さです。起こったことに誠実に対応しようとせず、たとえ事の恐怖におののこうとも、すべてのことをはっきり分析もせず、解明しようともせずに、その場しのぎの嘘や隠蔽で糊塗することには何の意味も無いという事です。

考えてもみてください。自動車だって事故で亡くなる人が大勢いますが、だからといって車を無くしてしまえという話にはならないでしょう。ある技術があって、そのために損害が出たからといって廃止するのは、人間が進歩することによって文明を築いてきたという近代の考え方を否定するものです。

放射能を恐れて、その発見者のキュリー夫人を弾劾し、核エネルギーの存在を予言したからといってアインシュタインを追放することに何の意味があるでしょう。どんなに隠そうと、無視しようと、いったん獲得された真理は必ず人類のものとして、受け継がれ、広がってゆくのです。どんなに護ろうとしても原子爆弾や大陸間弾道ミサイル保有国の、秘めようとした知識や技術は拡散してゆくのです。現実の被害に対する救済や復元は政治や社会の仕組みの問題です。目先の問題に混乱して、なにもかも一緒に片付けようとしても、何の解決にもなりません。無理をして押し通そうとすれば、最も大事な出来事の無視、都合のいい隠蔽や嘘がまかり通るばかりです。原子力や放射線は科学や科学技術の問題です。

吉本はこう続けます。

技術の側にも問題がある。専門家は原発事故に対して被害を出さないやり方を徹底して研究し、どう実行するべきなのかを、今だからこそ議論を始めなくてはならないのに、その問題に回答することなしに沈黙してしまったり、中には反対論に同調する人たちがいる。専門家である彼らまで「危ない」と言い出して素人の論理に同調するのは「悪」だとさえ思います。

今から百年ほど前、人類は放射線を発見し、原子力をエネルギーに変え、電源として使えるようにしてきました。原子力をここまで発展させるのに大変な労力をかけてきたわけです。一方、その原子力に対して人間は異常なまでの恐怖心を抱いている。……防御策が完全でないから恐怖心はさらに強まる。もちろん放射能が安全だとは言いません。でも、レントゲン写真なんて生まれてから死ぬまで何回も撮る。普通に暮らしていても放射線は浴びるのです。それでも大体九十歳くらいまでは生きられるところまで人類は来ているわけです。そもそも太陽の光や熱は核融合で出来たものであって、日々の暮らしの中でもありふれたもの。この世のエネルギーの源は元をただせばすべて原子やその核の力なのに、それを異常に恐れるのはおかしい。

それでも、恐怖心を一〇〇%取り除きたいと言うのなら、原発を完全に放棄する以外に方法はありません。それはどんな人でも分かっている。しかし、止めてしまったらどうなるか。恐怖感は消えるでしょうが、文明を発展させてきた長年の努力は水泡に帰してしまう。人類が培ってきた核開発の技術もすべて意味がなくなってしまう。それは人間が猿から分かれて発達し、今日まで行ってきた営みを否定することと同じなんです。

最後の一節が、記者がこのアンケートに名づけた題名の根拠なのでしょう。しかしここには根本的な誤解があります。進化は決して後戻りしないのです。人間はどんなに時間がたっても猿やアメーバーになることはないのです。進化に対立する言葉に退化がありますが、退化さえ環境に適応しつつ獲得する進化の一形態に過ぎません。第一このアンケートを正確に取れば、吉本は反原発で「猿」になるなどとは何処でも言っていません。すぐ後で「人間が進化して発達し、今日まで行ってきた営みを押し戻すことは出来ない」と語っているのです。このアンケートが賛否両論の轟々とした議論を惹き起こしたのは、吉本とは恐らく関係の無いこの表題のショッキングなジャーナリズム効果だけだったでしょう。そして話はこう続きます。

文明の発達と言うのは常に危険との共存だったということも忘れてはなりません。科学技術というのは失敗してもまた挑戦する、そして改善していく、その繰り返しです。危険が現われる度に防御策を講じるというイタチごっこです。その中で、辛うじて上手く使うことができるまで作り上げたものが「原子力」だと言えます。それが人間の文明の姿であり形でもある。だとすれば、我々が今すべきは、原発を止めてしまうことではなく、完璧に近いほどの放射線に対する防御策を改めて講じることです。……

それでもまた新たな危険が出てきたら更なる防御策を考え完璧に近づけていく。その繰り返ししかない。

他の動物に比べて人間が少し偉そうな顔をできるようになった理由は、こうした努力をあきらめず営々とやってきたからではないでしょうか。そして、仮に放射能の防御装置ができたとしたら、その瞬間から、こうした不毛な議論は終わりになる。科学技術というのは明瞭で、結果がはっきりしていますから。

正直言って原発をどうするか、ちゃんとした議論ができるにはまだ時間がかかるでしょう。原発を改良するとか防御策を完璧にするというのは技術の問題ですが、人間の恐怖心がそれを阻んでいるからです。反対に、経済的な利益から原発を推進したいという考えにも私は与しない。原発の存否を決めるのは、「恐怖心」や「利益」より、技術論と文明論にかかっていると考えるからです。

その根強い恐怖論を支えるのは、現実に今眼の前にくりひろげられる原発崩壊の惨状ですが、再現しかねない世界戦争の兵器としての原子爆弾にも重なる強烈な幻影です。人間が原子力を手に入れ、それが戦争にどんな現実を齎すことになるかを、発見した科学者たちも想像していませんでした。しかし今や其の力と蓄積は、生きとし生けるものを何度も絶滅させることの出来る規模にまで達しています。相対性理論を発見したアインシュタインでさえ、原子力を利用して原爆を開発することに、はじめは賛成していましたが、生み出される莫大なエネルギーは計算できても、それがどんな悲惨を生み出すかを想像できなかった。賛成云々などという軽率な問題ではなかったことに気づいて、原子力を兵器として用いることに反対する大きな力になりました。

天災と人災が複雑に錯綜して起こった今度の福島原発事故についても、吉本はやはり危険は予想出来なかったと言って、続けています。それは反原発の人たちだけでなく原発推進の人たちにもいえることです。

つまり、人間は新技術を開発する過程で危険極まりないものを作ってしまうという大矛盾を抱えているのです。しかし、それでも科学技術や知識というものはいったん手に入れたら元に押し戻すことはできない。どんなに危なくて退廃的であっても否定することはできないのです。それ以上のものを作ったり考えだすしか道はない。それを反核・反原発の人たちは理解していないのです。

「福島原発の事故が起きてからよく思い出すのは、戦後の日本社会です。」と回想する吉本の思いは、戦争遂行に不利益なら、天災も庶民の眼から押し隠された戦中にまで遡って、始めに掲げた三笠宮妃の不安にも通じ、当然の事として、どんな反論も無意味なように思われます。

結びとして　賢治・光太郎・隆明

人間は宇宙の闇を照らそうとして、ほんの少しずつその謎を解明して来ました。しかし科学者の長い懸命の努力によっても、本当の姿に近づけたのは、その僅かな一部分に過ぎません。かつて賢治が嘆いたように「しかも科学はいまだに暗い」のです。ヴァレリーが嘆き、サルトルと時を同じくして最晩年の光太郎がうたった「生命の大河」の一節、

人類の文化いまだ幼く
源始の事態をいくらも出ない。
人は人に勝とうとし、

すぐれようとし、
すぐれるために自己否定も辞せず、
自己保存の本能のつつましさは
この亡霊に魅入られてすさまじく
億千万の知能とたたかい、
原子にいどんで
人類破滅の寸前にまで到着した。

科学は後退をゆるさない。
科学は危険に突入する。
科学は危険をのりこえる。
放射能の故にうしろを向かない。
放射能の克服と
放射能の善用とに
科学は万全をかける。
原子力の解放は

やがて人類の一切を変え
想像しがたい生活図の世紀が来る。
………………

（昭和三十一年一月一日『読売新聞』）

という詩句から半世紀あまりも経て吉本が語った言葉との不思議な共鳴は、どんな未来への展望を私たちに問い掛けるのでしょうか。その科学を支える生命のありようすら混沌とし、テロリズムもやむなしとする更に深い世界の闇や、精神の暗黒面との相克に打ち勝つのは、人間の遺伝子改編にまで届く、どんなに遙かな生命の大河の果でしょうか。解かなければならない問題は、限りなく深く重いのです。科学の辿る道はいまだに遠く暗いのです。

三つの「あとがき」抄

1

高村光太郎の人と仕事に牽かれ始めたのは、あれは何時頃のことだったろう。『道程改訂版』や『智恵子抄』はすでに巷に出始めていて、久しく続く中国との何時果てるともしれない戦争の時代に、旧制中学高学年の生徒たちはむさぼるようにそれを読んだ。松田甚次郎の編んだ『名作選』によって、宮沢賢治に僕らがようやく強い関心を持ち始めたのも同じ頃だ。

多くの若者たちが戦場に駆り立てられて行くそんな時代に、『智恵子抄』という詩集が「いやなんです／あなたのいつてしまふのが――」という詩句で始まり、「あなたはその身を売るんです／一人の世界から／万人の世界へ／そして男に負けて／無意味に負けて／ああ何といふ醜悪事でせう」などという詩句を含むことに驚き、「美に関する製作は公式の理念や、壮大な民族意識といふやうなものだけでは決して生れない。さういふものは或は制作の主題となり、或はその動機となる事はあつても、その製作が心の底から生れ出て、生きた血を持つに至るには、必ずそこに大きな愛のやりとりがいる。それは神の愛である事もあらう。大君の愛である事もあらう。又実に一人の女性の底ぬけの純愛である事があるのである。」といった光太郎の言葉にも目をみはった。

太平洋戦争がまもなく始まり、初めの数年は戦時下の苦学生、海軍の志願軍人、そして戦後の工科大学生としての八年間、それから延々と続く定時制高校の数学教師としての時間、光太郎はいつも僕の生と切り離し難くあり続けた。初めて光太郎を訪ねたのは、昭和二十七年のことだったが、昭和三十一年四月光太郎が亡くなってからは、その残された仕事を次の世代に引き渡すことが自分の仕事だと、何時のまにか思い始めていた。

『全集』の編纂や資料の発掘と公刊、仕事は今ものろのろと続いているが、その間にも光太郎について書くことを求められることがしばしばあった。しかしそれらの文章は、その時々の用に応えたものであり、求めもまた同じ傾向に傾いていた。文筆に従う者は同じ趣旨について再び書くことをいさぎよしとしないのだろうが、自分がその意味でのもの書きだとは思ってもいなかったので、僕は僕なりの思い入れで、言いたいこと、書きたいことを繰り返し飽きずに語り続けてきたと思う。昭和四十年十一月、明治書院の近代作家叢書の一冊として『高村光太郎』を書き下ろし、その後アムリタ書房から増訂版が刊行されているけれど、これは草野心平の強い勧奨によるものだった。

いつか心にかなう「光太郎伝」を残したいと夢想し、きれぎれに試稿を書き溜めてはいるが、果たしていつ出来上がるのか予測もつかない。

一九九一年三月北斗会出版部刊『高村光太郎ノート』あとがき

2

アムリタ書房版『高村光太郎』の原形は主として昭和三十九年の夏に書かれ、昭和四十年十一月明治書院から「近代作家叢書」の一冊として刊行された『高村光太郎』であった。四十年八月二十五日に書かれたその初めの版のあとがきには、次のように記している。

〈高村さんが亡くなってから、もう間もなく十年になる。僕にとって、生前の高村さんは誰にもかえ難い大切な先生、青くさい悩みごとをまるごとにうけとめてくれる先輩であり、(ほんとは祖父と孫ほども年がちがうのに)新婚の僕たちを迎えるため、朝から髪をとかして(あのほとんどなくなっていた髪の毛を)待っていてくれるやさしい友だちでもあった。なによりも、そばに坐っているだけで元気が湧いてくるような高村さんが、僕はどうにも好きだった。だから、高村さんが亡くなったあの自失の中で僕は自分に課した。高村さんという壮大な実験者、誠実な生活者の実験記録、高村さんがこの世に残したものはどれも、何一つ散逸させまいと。その他は人にまかせていい。僕のしなければならないことは、光太郎資料を、できるだけ完全な形で次の時代に引渡すこと、そしてその仕事は、今も、これからも続いてゆく。

その僕が、この本を書くことを引受けたのは、一つには明治書院編集部の熱心なおすすめがあったことにもよるけれど、花巻温泉の五月の夜に、酔った草野心平さんが、腹の底にこたえるほどに、何度も「いつか書けよ、必ず書けよ」と強要（？）したその思い出に励まされたことにもよる。だからその最初の試みであるこの本は、たとえ出来が悪かろうとも、まず草野さんに捧げなければならない。〉

その「あとがき」が書かれてからさえ、すでに十七年の歳月がたち、昭和五八年（一九八三）は高村さんの生誕百年にあたる。そしてその十七年の間に、資料蒐集の仕事も絶えず続き、何冊もの選集、作品集、資料集等を編んだり、たくさんの研究者による著書も公にされた。

そんな時、この小さな評伝に関心を持ち、再刊のことを求めたのは、先に高村さんのヴェルハアラン訳詩集『愛の時』を刊行してその創業の出版した、アムリタ書房の江原良治氏であった。

資料いっさいから成る「高村光太郎伝」を書きたいと願いながら、そのことに本当に着手するまでには、まだやらなければならない仕事がある。文治堂書店の『蟬』に書きはじめた「高村光太郎伝試稿」は五回を重ね、高村さんは誕生もしていない。もし時が力をかせば、生涯のいつかその稿を完成したいと思うけれど、おそらく十年を単位として測る歳月の後だろう。

三十代の終りに書いたこの小著を、五十代の終りに近く、長い時間のあとで読み返してみて感じるのは、遅々とした歩みである。むしろ基礎となる光太郎観に、ほとんど変化はない。あの時、高村さんをたどりながら、稚い足どりで、しかしいちずに書き進め、ささやかな役割を果したこの書物は、おそらくいくらかの改訂によって、高村さんに近づく一つの門となり得るだろう。生涯をかけて高村さんが果したその試みは、いつまでも語りかけることをやめない。その幾分なりとも後からくる人々に伝えたい。書房の求めに応じ、再刊のことを許したのは、そんな判断によってであった。

（一九八三年四月アムリタ書房刊『高村光太郎』）

3

こつう豆本『光太郎凝視』は、敬愛する編集者樽見博さんのおかげで生まれた。内容や配列を考えてくれたのも樽見さんである。主な部分を占める吉本隆明『高村光太郎』の解説は講談社の文芸文庫のために書いたものだが、文庫には文庫の制約があって、最初に書いた草稿から幾らかの分量を削った。しかしそれは少年期の回想や友人たちに触れていて、心残りが無くはなかった。ことにこの頃、共通の友人加藤進康が病床にいて、刊行を心待ちにしてくれていたから。だから誘いがあった時すぐ思ったのは、はじめの形で入れられればということだったが、願いがかなってひどく嬉しい。

その加藤も平成四年十二月に桐生で亡くなった。高村さんも草野さんも、僕の昔の著書明治書院版『高村光太郎』を再刊してくれた若きアムリタ書房主江原良治君ももう居ない。

思いがけず恵まれた、この小さな宝石のような書物を作る機会を、それらすべての人々に感謝しよう。書名『光太郎凝視』はやや物々しい気もするが、ここに登場するそれぞれの人物が、光太郎の生涯と仕事に心を凝らして向い合った、そんな季節の象徴とした。

あとがきのごときもの

文治堂書店の「光太郎資料」全六巻が完成し、筑摩書房の光太郎全集が完結した後、平成の中頃に、「高村光太郎ノート」のシリーズを蒼史社（櫻井隆一さん）から出そうと考えたのは、テーマごとに順を追って光太郎の完全に近い伝記を書きたいと考えたからだ。その最初になる予定だった『光太郎以前』と名付けた部分の要約を、この本では『光太郎ルーツ』とし、木彫孤塁の道を歩んだ光雲について前半にまとめた。そしておそらく最後になるにちがいない今度の本に、文治堂書店の勝畑耕一君と相談して、『光太郎凝視』など吉本隆明についての論考・対談を加えて、後半の頁数を補った。

それでも、まだ書き残した幾つものことが心に残る。その一番大きな残念は、宮沢賢治の「デクノボー」（「雨ニモマケズ」）と光太郎の「暗愚」（『暗愚小伝』）のかかわり方だ。賢治が「デクノボートヨバレ」たいと書いたのは昭和十二年、中国との戦争が始まったそんな時代だ。

『雨ニモマケズ』を流布することによって、ここに表むきかたち作られたのは、そんな政治体制のなかで、とりあえず利用できる最も都合のいい人間像としての解釈だ。しかし賢治は、大正十二年の最初の童話集『注文の多い料理店』にそえた解説のパンフレットで、これらがその頃の政治体制にもっとも叛逆するはげしい社会思想に貫かれていることを自ら書き記している。そんな賢治が、死さえ予感しながら、このときにあえて「デクノボートヨバレ」たいと書いた意味は、なんだったのだろうか。

光太郎が戦後、自らの生涯を、あえて「暗愚」と要約したのは昭和二十二年のことだった。しかしそこで光太郎は賢治没後の宮沢家を訪ね、はじめて「雨ニモ負ケズ」の草稿を見、筆写し、賢治の「一日ニ玄米四合ト味噌ト少シノ野菜ヲ食タベ」て生きる生活を痛切に批判して語った。その両者のかかわりについても、どうしても書いておかねければならない、と思いながら、その時間がまだあるかどうか。九十四年近く使い古した肉体が、いま、このあとがきに近いものを、わずかに書かせる。

今回も北日本印刷の中土昌則さん、曽我貢誠・純子さんご夫妻の手をお借りした。どうもありがとう。

平成三十年十一月二十日

初出誌メモ

光雲抄　―木彫孤rijk―

初出は文治堂書店刊行の文芸誌『蝉』4・5・6号（昭和五十四、五十七、五十八年）に発表された「光太郎伝試稿」。本稿はこれを更にまとめたもの。一九八七年（昭和六二年）明治美術研究学会の会報に発表された。総題は「光雲点点」。この研究報告には、光雲の公的な職務をまとめた明治二十二年から大正九年までの長大な履歴書も載っている。

光太郎詩の源泉

二〇〇四年、ふくやま文学館で開催された「高村光太郎展そして智恵子」カタログ別冊の資料に収められた。

鷗外と光太郎　―巨匠と生の狩人―

二〇〇七年、文京区立本郷図書館・鷗外記念室で催された企画展示「鷗外と光太郎展」で配布された。

八一と光太郎　―ひびきあう詩の心―

二〇〇七年、新潟市立会津八一記念館で会津八一特別展が開催された。本稿は「特別展に寄せて」としてその年九月の新潟日報に載った。

心平・規と光太郎

二〇〇八年、福島県川内村阿武隈民芸館で催された「高村規写真展―草野心平没後二〇年記念―」のパンフレットに寄せた文。原題は「高村規写真展に寄せて」。

湯川秀樹と光太郎

二〇〇九年、貝廣らによる女川・光太郎の会が編集・発行の、第一八回「女川・光太郎祭記念頒布本」所収。講演集の「付録」として書き足された。原題は「高村光太郎と湯川秀樹」

吉本隆明の『高村光太郎』

一九九四年、日本古書通信社より「こつう豆本」

シリーズの一冊（樽見博編集）として刊行された。原題は『光太郎凝視』。副題は「光太郎研究草創期の私的回想」本の冒頭には、―二つの「あとがき」抄―があるが、今回はそれに本のあとがきを加えて―三つの「あとがき」抄―とし、巻末にまとめて掲載した。

究極の願望
吉本隆明

造型世界への探針
北川太一

一九八二年、高村光太郎選集全六巻の別巻、『造型』（写真・高村規）の内容案内として書かれた。今回ご遺族の許可をえて吉本氏も合わせて掲載させていただいた。

春秋社版・光太郎選集全六巻別巻一・概要

対談への理解を深める一助として出版社のご許可を得て次の対談と合わせ掲載した。

対談高村光太郎と現代
吉本隆明
北川太一

一九八一年一〇月に対談は行われ、翌年の『春秋』（春秋社）一月号に掲載された。副題は「選集全六巻の刊行にあたって」。冒頭に対話者の写真が、本文中には光太郎と智恵子の箱根大涌谷、岩手の山小屋、小屋での光太郎、智恵子の紙絵など4点が口絵写真として載せられている。

隆明さんへの感謝

二〇〇七年、吉本隆明全講演ライブ集の添付資料。発行・吉本隆明全講演ＣＤ化計画。

吉本と光太郎

二〇一四年、吉本隆明全集（晶文社）第五巻の月報に掲載された。

死なない吉本

二〇一二年、『春秋』（春秋社）一月号、特集・追悼吉本隆明に掲載された。

しかし科学はいまだに暗く

二〇一三年、「高村光太郎研究」三四号（高村光太郎研究会・野末明）に掲載された。

（編集部）

著者略歴

北川　太一（きたがわ・たいち）

大正14年（1925年3月）、東京日本橋に生まれた。海軍技術科士官として敗戦に遭う。東京工業大学卒業。都立向丘高等学校定時制教諭として四十年近い歳月を過ごす一方、晩年の高村光太郎に親しみ、没後、全集編纂の実務を手初めに、『全詩集』『彫刻全作品』『書』等、資料の収集・整理・刊行に努めた。著書に『高村光太郎』『高村光太郎ノート』『ヒュウザン会前後』『いのち・ふしぎ』など。

光太郎ルーツ　そして吉本隆明ほか

２０１９年3月２８日　発行

著　者　北川 太一
編　集　曽我 純子
発行者　勝畑 耕一

発行所　文治堂書店
〒167-0021　東京都杉並区井草2-24-15
E-mail : bunchi@pop06.odn.ne.jp
URL : http//www.bunch.net/
郵便振替　00180-6-116656

印刷所　北日本印刷株式会社
〒930-2201　富山県富山市草島134-10
TEL　076（435）9224㈹

ISBN　978 − 4 − 938364 − 380